Context experience and design of Learning

컨텍스트 경험과 학습의 디자인

조현영 · 손민호

박영story

머 리 말

　'장인'의 저자 리차드 세넷은 대상 객체에서 비롯되는 저항을 다스림으로써 자신들의 의도를 관철시킨 장인들 사례를 묘사한 적이 있다. 그에 따르면 장인들의 창의성은 객체의 저항을 다스리는 힘에서 온다. 누군가 하고자 하는 일을 한다고 했을 때 자신을 둘러싼 상황에서 온갖 저항에 부딪친다. 저항이 있다는 것은 이미 자신이 가지고 있는 힘과 대상 객체의 힘 사이의 대결이다. 저항을 다스리는 힘을 갖게 되었다는 것은 자원들을 자신이 도모하고자 하는 일을 성사시킬 수 있도록 부릴 수 있게 되었다는 것을 말한다. 이에 따르면 창의적인 문제해결은 자신이 봉착한 특수한 상황에 적응하고 그것을 변용하는 과정에서 비롯된다. 그리고 그러한 과정에서 지식을 쌓고 이를 써먹는다는 것은 도움이 되지 않는다. 오히려 저항을 다스릴 수 있는 역량을 갖추기 위해서 대상 객체에 직접 대면해야 하며 머릿속에 담겨 있는 지식은 자신의 경험에서 걸어내야 할 대상이 된다.

　포괄적인 관점에서 보면 역량, 학습자 중심, 컨텍스트 경험, 창의적 문제해결, 디자인 싱킹, 융합적 사고에 이르기까지 체화인지 그리고 상황학습 연구가 미치고 있는 영역은 훨씬 광범위하다. 이러한 추세는 새로운 학습과학(new learning science)이라는 범주로 자리잡아 왔다. 그리고 이에 영향을 받은 교수학습론에서 새로운 문법을 만들기 시작하여 연구를 넘어서 실천으로 구체화되고 있다. 새로운 학습과학을 주장하는 이들에게서 발견할 수 있는 흥미로운 점 하나는 더 이상 학교교육을 자유교육의 연장선상에서 보려고 하지 않는다는 점에 있다. 전통적으로 학교교육은 문명의 전수라는 고매한 의도를 실현하는 제도라고 여겼다. 경험을 강조하는 학교밖 학습과는 확연히 다른 목적과 기능을 갖는다는 것이다. 그러나 새로운 학습과학주의자들은 학교학습 또한 전문가, 장인, 작가, 직업인, 예술가, 과학자 등 각자 위치에서 역량을 발휘하는 사람들의 경험을 모델링해야 한다는 점을 강조하고 있다. 이들은 역량이 발휘된 상태는 경험과 같이 지식보다 더 무정형의 자산이라는 점을 일깨우고 있다.

오늘날 학습을 둘러싼 담론들을 보면 지식을 전달하고 습득한다는 이미지에 여전히 고착되어 있다. 우리 학교에서 공부도 지식을 머리에 어떻게 담을 것인가의 문제로 접근한다. 수업도 교육과정을 둘러싼 담론들도 그러한 이미지에서 크게 벗어나지는 않는 듯하다. 수많은 아젠다와 노력들을 통해 이 전달과 습득의 이미지에서 벗어나고자 하지만 이러한 생각은 근본적으로 공부를 둘러싼 오랜 상식에 착근되어 있다. 한편에서는 지속적으로 교육의 패러다임이 변해야 한다는 목소리를 드높이고 있는 반면 다른 한편에서 기존의 패러다임은 관행처럼 굳어져 꿈쩍도 안할 기세다.

최근 교육개혁을 이끄는 변혁의 동력 가운데 하나는 참여로서의 학습관에서 찾아볼 수 있다. 참여로서의 학습은 이론적 담론을 넘어서 실천의 담론에서 확산되어 왔다. 오늘날 학교 현장에서는 실제로 참여로서의 학습을 위한 다양한 전략들을 만들어 실천하고 있다. 참여적 실천에 비해 여전히 정합성과 세련됨이 떨어지는 것은 이를 담아낼 담론과 연구라고 생각한다. 상황에의 참여나 활동시스템에의 관여라고 하는 일원론적인 담론의 논리와 개념들이 교수학습 연구 공동체에서 공유하고 있는 우리말에서는 아직 낯설기만 하다. 이원론적인 이야기 방식이 우리말에 깊숙이 배어 있는 탓도 있을 것이고 공부에 관해 우리 삶에 스며들어 있는 유교주의적 신념도 한몫 할 것이다.

이야기 방식을 바꾸는 데에는 드러나지 않는 수많은 노력과 시도가 필요하다. 학문하는 재미와 보람도 아마도 거기에 있을 것이다. 꽤 여러 해에 걸쳐 새로운 이야기 방식을 만들고자 하면서 스스로 많은 호기심과 만족을 느꼈다. 궁리 끝에 생각해낸 이야기 중 어떤 것들은 이미 세상에 나와 돌아다니고 있는 것들로 보이기도 하였다. 그래도 각자의 이야기가 각자의 삶의 결을 따라 다 다른 것처럼, 용기를 내어 이야기들을 한 권의 책으로 정리해 보기로 했다. 우리와 같은 호기심과 궁리의 궤적을 엇비슷하게 가는 이들에게 볼품없는 이 책이 서로의 경험을 맞춰볼 수 있는 흥미로운 기회가 되어주길 기대한다.

2017년 2월
저자 일동

차 례

제 1 장 경험의 실재감과 학습

제 2 장　문제해결과 반성적 사고

제 3 장　전문가의 프랙티스와 맥락적 문제해결

제 4 장   전문 교육에서의 시뮬레이션과 학습

제 5 장   학교학습에서의 시뮬레이션과 학습

제 6 장　컨텍스트기반 교수설계

경험의 실재감과 학습

01

경험의 실재감과 학습

맥락주의 패러다임과 프랙티스

상황학습론과 실천공동체

상황학습론이 교수학습 연구에서 대두된 이래 꽤 세월이 흘렀다. 상황학습론은 70년대 이후 아동발달연구에서부터 출발하였다. 아동발달연구에서는 사회문화적 맥락이 아이가 무엇을 할 수 있고 무엇을 할 수 없는지에 직접적으로 연관되어 있는 내생적인 변인이라는 점을 여러 연구들을 통해 밝히고자 하였다. 여기에 당연히 주역은 비고츠키 학자들이었다. 그들은 생태심리학이나 문화심리학을 배경으로 하여 피아제의 연구에 전제되어 있는 구조주의적인 가정들을 정면으로 반박하고자 하였다. 그들은 아이의 반응이나 생각 등으로 표출되는 인지구조는 일관적이지만 맥락적이고 역동적이라는 점을 보여주고자 하였다. 이후 많은 발달 연구들은 정태적이고 선형적으로 변화해가는 인지구조의 특징보다는 아이가 살아가는 맥락들 안에서 미시적이고 다양한 인지 양상의 모습을 보여주었다.

상황학습에 관한 많은 연구들은 1980년대 이후부터 유난히 미국 캘리포니아 주의 대학과 연구소를 중심으로 활발히 논의가 전개되었다. 가장 큰 이유는 비고츠키주의 심리학자들이 이 지역 대학들을 연고로 해서 서로 교류하였기 때문이었다. 그들은 미시적인 사회이론들과 융합하여 활동이론(activity theory)을 만들어 내기도 하였다.

특히 미국 서부벨트를 중심으로 한 상황인지 또는 상황학습 연구의 커뮤니티의 형성은 소위 미시사회학과 같은 히피사회학의 영향도 무시할 수 없다. 전통적으로 심리학을 배경으로 하는 교수 학습연구에서는 상황 맥락을 학습이나 발달의 내생 변인으로 보는 데 한계가 있을 수밖에 없었다. 한편 실리콘 밸리를 중심으로 인지과학 등 학제간 연구들에서는 인터렉션과 컨텍스트에 관한 연구가 한창이었고 미시사회학 연구들이 여기에 가세하였다. 여기서 히피사회학이라 함은 정향성과 규범을 토대로 하는 기존 사회학과는 거꾸로 '일상'을 현실의 토대라고 보았다는 점, 그래서 세상을 뒤집어 보려는 성향 때문에 붙여진 이름이다.

특히 그 중 상징적 상호작용과 민속방법론 등은 방법론적 맥락주의 그리고 일상생활의 실천의 복원이라는 기치하에 미시적인 상황 분석을 통해 사회나 조직, 일 등이 어떻게 존속되어가는지 보여주었다. 그들에 따르면 실천의 맥락은 이미 구조화된 사회고 조직이고 일의 과정 자체다. 그리고 맥락과 일, 맥락과 사회적 질서는 서로 분리된 것이 아니라 맥락을 만들어가는 것 자체가 곧 그 일이고 업무이고 사회 질서이다. 여기서 맥락은 실천에 의해 만들어지고 실천과 함께 일궈가는 시간과 공간의 엮음새를 말한다. 학습이론에서 맥락주의 패러다임은 사회적 상호작용과 맥락의 실제적인 엮음새에 관한 이들 연구의 통찰에 힘입은 바가 크다.

상황학습과 실천공동체론은 이러한 배경에서 나왔다.[1] 체화인지(embodied cogni-

---

1 실천공동체라는 아이디어는 사실 50년대 이후 상징적 상호작용 부류의 질적 연구들에서 비롯되었다는 점은 언급될 필요가 있다. 웽거(Wenger, 1998)는 이를 실천이론을 중심으로 하나의 학습이론으로 체계화시켰다. 당시 실천공동체론이 새롭게 제기된 배경에는 학습에 있어서 상황성이 왜 중요한지에 관해 설득력있는 논증이 필요했다는 사실을 염두에 둘 필요

tion), 분산인지(distributed cognition) 등 상황인지(situated cognition)에 관한 연구들이 쏟아져 나왔으나, 정작 '맥락적 경험은 언제 학습이라는 지위를 얻게 되는가'에 관해서는 여전히 모호하였다. 왜냐하면 우리의 사고나 경험이 상황 맥락에 기반해 있다는 점에 대해서는 충분히 동의할 수 있지만, 그렇다고 해서 모든 맥락적 경험이 학습이라고 받아들일 수는 없었기 때문이다. 물론 우리의 경험이 어떻게 맥락적인가 하는 것 또한 학습이론 대중에게 명쾌하게 해명된 것은 아니었다. 더욱이 모든 경험을 학습이라고 해석하는 것 또한 일상어법에도 맞지 않는다. 어떤 경험은 변화를 상정하지 않는 반면 모든 학습에는 변화의 의미가 함축되어 있기 때문이다.

그들이 제시한 해법은 우리의 경험이 어떻게 가변적이고 즉흥적인 상황 맥락을 넘어서서 일관성을 찾아나가는가에 대한 해답을 모색하는 것이었다. 여기서 '우리의 경험은 어떻게 일관성을 찾아나가는가' 하는 질문은 거꾸로 뒤집어 보면 '우리 경험은 어떻게 변화해가는가'라는 질문이기도 하다. 모든 경험은 맥락적인 경험이지만 우리의 경험은 그러한 가운데에서도 항상성을 유지해 나가기 때문이다. 맥락주의 관점은 개인과 같은 일관된 항상성이 존재하고 변화하는 상황에 따라 경험이 달라진다는 기존 규범주의적인 관점과는 변화와 학습을 바라보는 관점에 있어서 서로 대척점을 이루고 있다. 우리 경험의 맥락성을 이야기하는 가운데 일관성, 즉 아이덴티티 문제가 등장한 것이다. 경험의 일관성을 생성, 유지, 복원해가기 위해 주변과 어떻게 협상(negotiation, transaction)해 가는가 그리고 그 결과 우리의 경험은 어떻게 변화해가는가 하는 문제로 다루기 시작했다. 협상된 경험을 기반으로 하여 참여의 정체성, 즉 역량이 성립된다는 것이다.

오늘날 CoP는 네트워크 학습이나 조직학습의 모형을 의미하는 것으로도 알

가 있다. 웽거를 포함한 여러 사회과학자들은 인공지능 연구자들과 함께 인공지능의 상황 인지기술 문제를 다루어야만 했다. 웽거는 그의 저서에서도 언급하고 있듯이 실천공동체에 관한 설명이 인공지능은 역량을 가질 수 있는가라는 질문으로 시작하였다는 점을 밝히고 있는데 이는 그가 몸담고 있었던 연구소의 지적 배경에 관한 이야기이기도 하다. 맥락주의 관점에서 보면 규칙따름을 기반으로 하는 인공지능은 정보를 처리하는 용량(capacity)만 가지고 있을 뿐 규칙따름과는 전혀 상반되는 애매모호한 맥락적 경험은 할 수 없으며 바로 이런 연유에서 '인격적인' 의미에서의 역량은 결코 생기지 않으며 역량체인 아이덴티티 또한 생성되지 않는다.

려져 있고 학습의 생태계로 통용되기도 한다. 더욱이 CoP와 같은 상황학습의 '이론'화는 교육이론에서는 성공적인 모형으로 자리잡아 왔다. 오늘날 맥락주의 패러다임 안에서조차도 실천공동체에의 참여과정은 상황학습의 전형으로 받아들여져서 상황학습과 실천공동체론을 동의어로 간주하는 경향도 있다. 맥락주의 패러다임의 관점에서 보면 CoP를 이론적 모형으로 취하는 이들은 실천(practice)에 관해 면밀히 살펴보는 것은 배제시킨 채 '공동체에서의 학습' 또는 '지식조직에서의 학습'이라는 해법만을 취하고자 하였다.

경험과 상호작용의 어떤 양상을 가리켜 공동체라고 한다는 점에서 모든 공동체는 무형의 공동체(intangible community), 또는 상상의 공동체다. 무형이고 상상의 산물인데 구성원들로 하여금 실재한다고 믿게끔 하는 장치이기도 하다. 이는 참여자들의 경험이 함께 연동되어야만 가능하다. 예컨대 우리 학교에서 학습공동체를 조직했다고 곧바로 공동체가 조성되는 것은 아니라는 말이다. 어떤 집단이 공동체 수준으로 자리잡았다면 조직은 별도의 시간, 별도의 프로그램을 통해서가 아니라 일상 수준에서 당사자들을 옭아맬 수 있는 힘을 발휘해야 한다. 학습공동체의 존재 확인은 쉬는 시간이 될 수도 있고 점심시간에 모여 잡담하는 시간도 될 수 있다. 긴 시간일 수도 있고 찰나의 시간일 수도 있다.

맥락주의 패러다임에서 보면 실천공동체는 '공동체 실천(communal practice)을 통한 학습'으로 해석하는 것이 더 적절할 수 있다. 실천공동체라는 개념은 모든 개별적인 행위나 경험을 의도된 집단의 범주로 환원시켜 다룰 수 있는 한계를 갖고 있기 때문이다. 물론 공동체로의 수렴은 학습경험을 바라보는 프레임도 협소하게 만드는 약점을 안고 있다. 뒷부분에서 살펴보겠지만 모든 실천에는 다른 사람과의 상호작용이 관여되어 있는 만큼 개개의 실천을 면밀히 살펴보는 것으로도 충분히 공동체에 관한 의미를 함축한다. 그보다 맥락주의 패러다임은 그 문제 인식이 실천(practice)을 살펴보는 것으로 시작해서 실천으로 끝난다고 보는 것이 더 적절하다.

물론 실천공동체론은 상황학습에 관한 한 이론일 뿐 맥락주의 학습이론 전체를 대표하지 않는다. 맥락주의 학습이론은 하나의 이론이 아닌 하나의 패러다임이라고 할 정도로 그 스펙트럼이 광범위하고 그 관심은 훨씬 근원적인 질문에서 출발한다. 물론 맥락주의 패러다임에 해당되는 연구 전체 지형도를 정리하기란 그리 어렵지 않다. 심리학에서는 비고츠키 발달이론과 생태심리학이 그리고 사회학에서는 상징적 상호작용과 민속방법론이, 그리고 실천에 관한 여러 철학적 배경과 사회인류학이 만나 학습연구에서 맥락주의 패러다임을 일궈왔다(Nicolini, 2012). 최근에는 위에서 언급한 지적인 뿌리들이 혼종되어 나온 활동이론(activity theory)도 실천공동체론만큼이나 맥락주의 학습이론 패러다임에서 큰 비중을 차지하고 있다. 맥락주의 패러다임은 기본적으로 협력 또는 조화론의 입장을 전제로 하고 있다.

경험과 학습의 맥락적 특징

맥락주의 패러다임에서 경험과 지식 그리고 학습을 어떻게 보는지 대체로 다음과 같이 정리해 볼 수 있다.

첫째, 경험은 그 지식이 다루고 있는 객체뿐만 아니라 상황으로 분산되어 있다. 따라서 모든 경험은 우선적으로 개념이나 표상으로 매개되지 않은 직접적인 경험이고 따라서 그 경험들은 즉흥적이고 생성적인 성격을 띤다.

둘째, 상황은 우리가 대면하는 대상이면서 또한 그 안에 거주하는 공간이다. 따라서 직접 경험으로서 지적인 경험은 객체 또는 이를 둘러싼 타자들, 즉 상황과 직접적으로 상호작용하는 가운데 비롯된다. 동시에 그것은 상황의 흐름으로 임베디드되어(embedded) 있다.

셋째, 문제해결과정에서 실제로 작동하는 추론은 정황적인 단서와 자원을 동원하는 만큼 맥락적 성격을 띤다.

넷째, 지적 경험은 상황 직접적인 만큼 학습에서는 이해나 사고의 문제가 아니라 지각과 행위 더 나아가 정서나 감성의 차원이 중요하게 다루어져야 한다.

다섯째, 모든 경험은 직접 경험이면서 동시에 타자들과의 공유 및 재생산 가능성을 전제로 하는 만큼 학습에는 타자와의 조율과 타협, 복종과 모델링 등이 관여된다.

여섯째, 우리 경험을 이끄는 활동 시스템으로서의 상황, 즉 즉각적이면서 미시적인 환경을 구성하기 위해 자신을 포지셔닝(positioning)하는 행위, 즉 참여적 행위를 학습은 필요로 한다.

일곱째, 학습은 개인 내적인 구조의 변화가 아니라 개인과 상황의 관계 양상의 흐름이다.

그리고 이상의 내용보다 더 상위의 전제는 다음과 같다. 즉, '모든 행위는 협상과 조율의 맥락적 행위이고, 모든 사고는 협상과 조율의 맥락적 사고이며, 따라서 모든 학습 또한 협상과 조율의 상황학습이다.' 바로 이 점이 맥락주의 학습이론으로서는 곤혹스러운 지점이기도 하다. 교육이론에서 학습은 그 위상에 걸맞는 특정 경험 또는 행위의 양식만을 의미하기 때문이다. 예를 들어보자. 국문학과 학생들이 시를 반복해서 외우고 있는 상황을 가정해보자. 암기에 의한 학습인가 아니면 실천에 기반한 상황학습을 하고 있는 것인가?

또 하나의 상위 전제는 모든 경험은 '프랙티스'를 기반으로 한다는 점이다 (Gherardi, 2008; Schatzki, 2001). 위에서 제시된 맥락주의 속성들은 다름 아닌 프랙티스의 속성이기도 하다. 컨텍스트와 프랙티스는 동전의 양면과도 같아서 의미가 성립하기 위해서 없어선 안 될 두 축이라고 볼 수 있다. 왜냐하면 프랙티스는 컨텍스트를 구성하는 행위라고 볼 수 있기 때문이다. 예컨대 책에서 의미를 파악하는 것은 컨텍스트, 즉 행간의 의미를 발견한다는 것을 말하며 여기에는 독서 행위가 수행되지 않으면 안된다. 대체로 우리가 어떤 행위를 프랙티스라 할 때 그것이 다음과 같은 특징을 함축하고 있다.

첫째, 실제적인 행위(practical action)가 관여되어 있고 그만큼 상황 변용적이다.

둘째, 일회적 경험이 아닌 반복되는 만큼 패턴화되어 있으며 일상적(routine) 이다.

셋째, 누군가와 공유가능한 방식으로 재생산되는 만큼 사적(private)이 아닌 공적(public)이다.

넷째, '그 일에 관여하는 동안' 에이전트와 사물을 한데 엮어가는 만큼 구체적이다.

상황학습은 우리에게 좀 더 친숙한 개념으로 바꾸어 생각해보면 실천에 기반한 학습(learning by practice)이라고 할 수 있다. 이하 내용에서는 경험이 어떻게 맥락적인 실천에 기반해서 학습되는지 이와 관련된 기본적인 전제와 더불어 사례를 통해 이야기해 보고자 한다.

경험의 실재감

지식의 도구성과 객체의 어포던스

맥락주의에 따르면 모든 지식은 도구의 속성을 지닌다. 여기서 도구라 함은 어떠어떠한 일을 하기 위해 동원되는 수단이라는 의미다. 지식은 그것이 명시적 지식이든 암묵적 지식이든 도구로 볼 수 있다. 개념적인 지식조차도 우리가 그 지식을 활용하는 것은 마치 도구처럼 부리는 것과 다름없다. 우리는 실용주의적 의미에서 지식은 도구라는 말을 자주 사용한다. 맥락주의에서 말하는 도구성은 우리가 어떤 일을 도모해 나가는 데 있어서 닥치는 상황에 대하여 '실제적인' 방식으로 행위를 가한다는 의미를 함축하고 있다.

지식의 도구성이 무엇을 의미하는지 좀 더 파악한다면 상황학습에서 말하고자 하는 바가 무엇인지 어렵지 않게 이해해 볼 수 있다. 지식이 어떻게 도구성을 띠게 되는지에 관해서 이해하기 위해서는 체화인지, 즉 지식은 일단 익히고 나면 그 지식이 지향하고자 하는 객체 대상과 구분되지 않는 방식으로 우리에게 경험된다는 점에 관해서 살펴볼 필요가 있다. 메를로 퐁티(Merleau-Ponty, 1962)는 장님의 지팡이 예를 들어 도구의 비가시성에 관해 설명하였다. 어느 한 장님에게 지팡이를 주면서 그것이 어떤지 이야기해 보도록 하자. 무겁다든지, 너무 길다든지, 표면이 매끄럽다는 등 그 지팡이 생김새에 관해 다양하게 이야기할 것이다. 그러나 그가 그것을 자신의 도구로 전유화(appropriation), 즉 자신 몸의 연장(extension)처럼 마음대로 사용하기 시작하면서부터는 그 자체에 대해서는 지각하지 못한다. 이 때 지팡이는 그에게 손으로 전달되는 대상의 느낌, 예컨대 커브 길이나 길 앞의 장애물 등의 대상으로 느껴진다. 이와 마찬가지로 어떠한 도구도 일단 그 사용법이 터득되기 시작하면 그것의 존재는 마치 없는 것처럼 투명하게 된다.

우리가 문제를 해결할 때 동원하는 지식이나 기술도 하나의 도구로 볼 수 있다. 지식이나 기술은 우리가 그것들을 익히기 전에는 가시적인 존재이지만 일단 체득하고 그것들을 자유자재로 사용하기 시작하면 그것들의 존재성을 따로 의식하지 못한다. 어떤 지식이나 기술을 자유자재로 사용할 만큼 터득한 상황을 보면, 사용자가 그 지식이나 기술을 있는 그대로 적용하기에 급급하거나 얽매이지 않고 상황에 맞게 유연하게 그것들을 부릴 수 있게 되었다는 것을 쉽게 떠올릴 수 있다. 아이러니하게도 지식이나 기술을 터득했다는 것은 그것에 의해 규제를 받는다는 의미와 동시에 그로부터 자유롭게 되었다는 이중적인 의미를 함축하고 있다.

아무리 고차원적인 지식 내지는 기술이라도 일단 그것이 행위자에 의해 터득되면 그것은 당사자에게 직접 경험할 수 있는 대상이 된다. 예컨대 터득된 상태에서 바이올린과 연주곡은 연주자에게 즉각적인 반응을 불러일으키는 손가락의 촉각, 귀의 청각의 대상이다. 익숙해진 말은 상황 즉각적으로 활용된다. 또한 목판에 못을 박을 때 목수의 손놀림은 사실상 망치와 하나가 된 듯 현란하다. 전문의들은 흑백 필름 속에서 폐렴 증상이 얼마나 진척되었는지 본다. 상황과 머릿속 간의 상호작용이 아닌 상황과 이에 열려져 있는 지각 또는 행위의 양태로 그 관계 양상이 변화한 것이다. 사물은 사유되는 대상이 아니라 보고 듣고 말하고 사용하는 등 행위의 대상이다.

맥락주의 패러다임 가운데 한 이론인 활동이론(activity theory)에 따르면 지식을 체득화한다는 것은 그것을 도구로 활용할 수 있도록 전유화(appropriation)하는 것이면서 동시에 객체, 즉 사물, 말, 문제 상황 등의 질성 또는 맥락의 결에 따라 어포던스(affordance), 즉 지각과 행위가 이끌려 전개된다는 의미를 담고 있다. 폴라니(Polanyi, 1958)는 객체에 의해 이끌려지는 내재적 동기를 가리켜 '실천 안에의 거주'(dwelling in a practice)라는 개념으로 설명하기도 하였다. 내부자적 관점에서 보았을 때 그가 참여하고 있는 실천은 지적일 뿐만 아니라 심미적이고 윤리적인 애착의 대상이 되기도 한다. 여기에서 지식을 체득화한다는 것, 다시 말해서 학습이란 객체의 질성(quality)을 따라 지각하고 행위할 수 있게 됨, 즉 역량의 발달을 뜻한다.

이 때 상호작용은 직접적인 경험과 행위로 전개되는 만큼 그것은 비매개화된 지각과 실천적, 실제적 행위 그리고 정서의 양태로 표출된다. 여기서 비매개화된 지각과 실천적 행위라 함은 객체를 향하는 우리의 지각이 지식이나 표상에 의해 매개되지 않고 즉각적으로 이루어진다는 것을 뜻한다. 그리고 객체든 상황이든 그것과의 상호작용이 실제적인 행위의 양태를 띤다고 함은 어느 경우에도 우리의 기획과 행위는 결코 규칙을 따르지 않는다는 것을 뜻한다. 규칙을 따르지 않고 객체의 질성을 따른다는 말이다. 예컨대 문제 상황에 봉착했을 때 우리는 일단 어떤 조치를 취하고 그 결과로 비롯되는 상황을 봐서 다음의 행위를 선택하고 결정한다. 물론 이러한 과정은 하나 하나의 분절된 절차가 아닌 순환적이고 총체적인 흐름으로 일어난다. 일상의 실천은 습속이나 전통과도 같이 그 안에 거주하는 사용자에 대해 자동적으로 행위를 이끄는 처방전과도 같은 역할을 한다. 이러한 습속이나 전통으로 인해 우리는 매번 맞닥뜨리는 상황이나 객체에 대해서 새롭게 규정하고 계획세울 필요 없이 안정된 방식으로 살아갈 수 있다.

일의 선후관계 그리고 경험의 흐름으로서의 맥락

맥락주의 패러다임에서 말하는 맥락이란 우리 행위와 추론의 국지적 환경을 말한다. 이 점과 관련해서 맥락주의 학습이론에서 상정하는 질문은 맥락적 관심과 태도가 상황 변수들을 어떻게 '시간적으로 구조화해'(temporally structured) 가는가에 관해서다. 맥락주의는 기본적으로 초월자의 관점이 아닌 상호주관적이라는 의미에서의 당사자적 관점을 취한다. 맥락에 몰입되어 있는 당사자라면 맥락 초월적이 아니라 맥락적으로 생각하고 행위할 수밖에 없다. 이를 도식으로 표현하면 다음과 같다.

맥락 지각   다음에의 기대

일어난 일 --------> 현존의 양상(here & now) --------> 일어날 일

이 점에서 행위를 통해 의미를 형성해 나간다는 것에는 맥락적 추론의 또 다른 작동 방식인 '애씀(effort)'의 소요가 필요하다. 앞서 설명한 대로 문제를 해결하고 의미를 창출하는 데에는 시간성의 전개라는 맥락적 흐름이 필요하며, 이것은 '여기 지금'이라는 현재의 무한한 흐름 속에 끝없이 열린 결론을 가지고 전개되는 행위의 예측 불가능성을 전제로 한다. 우리가 만나는 매 순간의 상황은 그것이 비록 반복된 일상의 일들이라 할지라도 언제나 긴장과 낯설음을 갖고 있다. 이것은 우리가 만나는 '여기 지금'이라는 순간은 과거의 경험과 미래에 반영되어 구현된 고유하고 개별화된 '현재'이기 때문이다. 따라서 문제 상황에 봉착하고 이를 해결하기 위해 추론이 일어나는 경우, 시간적 흐름 가운데 지난 경험을 반추하고 미래의 기대를 반영하며 끝없이 새로운 선택과 결정을 해야 하는 순간에 놓이게 된다.

여기서 일상 속에서는 이러한 긴장과 새로움을 의식하지 못한 채로 대부분의 일들을 처리해 나간다. 그리고 그러한 가운데 기존의 인지 구조와 위배되는 문제 상황에 부딪히게 되었을 때에 흔히 반성이나 성찰이 일어난다. 듀이(Dewey, 1931)는 바로 이러한 의식적인 애씀이 동원되는 경험이 바로 학습이 일어나는 순간이라고 설명하였다.

학교 수업에서 쉽게 찾아볼 수 있는 수업조직방식인 교사와 학생 간의 질문-대답-평가의 순환과정은 맥락의 구성이 어떻게 참여자들의 주의를 한데로 집중시키는지 잘 보여주는 예다. 특정 학생에게 던진 교사의 질문은 그 학생으로 하여금 옴짝달싹하지 못하게 어떻게 답변을 찾아야 할지 궁리하도록 만드는 등 맥락을 돌변시킨다. 질문 이전에 어떤 이야기가 오고 갔는지, 교사가 원하는 대답이 무엇인지, 나의 대답이 어떻게 하면 전후 맥락에서 벗어나지 않을 수 있는지, 또는 앞에 대답한 학생과 어떻게 차별된 의견의 답변을 할 수 있을지 순

간 궁리하게 만든다.

　교사의 질문이 학생의 반응을 맥락적으로 구조화하는 기능은 학생 개인에 그치지 않는다. 즉, 맥락의 돌변은 그 질문을 떠안은 학생에게만 일어난 것으로 그치지 않는다. 영석이에게 한 질문은 그에게만 해당되지 않는다. 나머지 학생들은 자신이 지목당한 것은 아니지만 영석이에게 한 질문은 자신들에게로 온 질문이기도 하다. 다음 차례가 자신이 될 수도 있다는 것을 알기 때문이다. 한 학생에게 한 교사의 질문은 학생 개개인을 '하나의 정체성'으로 엮는 효과를 갖는다. 이처럼 학급에서 우리라는 실천공동체는 상황 상황 구성된다.

　매 상황이 어떻게 다음을 추론시키는지는 퍼즐풀이에 비유해보면 쉽게 이해할 수 있다. 퍼즐은 문제를 낸 사람에 의해 이미 그 해답이 정해져 있고 게임의 상황 안에 주어져 있다. 그리고 퍼즐 게임에 참여한 이는 정해진 해답을 찾아 놀이를 시작한다. 여기서 중요한 것은 '어떤' 해답을 찾아내는가가 아니라 이를 찾아가는 과정이다. 해답에 이르게 되는 과정은 해결(solving)이라기보다는 해소(dissolution)의 성격이 강하다. 우리가 알고 있는 모든 문제해결과정은 우리가 무엇을 문제로 받아들이고 무엇을 그 해결책으로 간주하는지를 미리 결정한다는 점에서 퍼즐풀이와 같은 성격이 있다. 이러한 점에서 과학철학자 쿤(Kuhn, 1962)은 정상과학을 퍼즐풀이에 빗대어 설명하기도 하였다.

　퍼즐을 맞추어가는 것은 이전과 차후 그리고 현재까지의 전체와 목하의 부분 간의 연관성을 매 상황 견주어가는 탐색의 과정이다. 그것은 마치 우리가 책을 읽을 때에 문장 하나하나에 주목할 뿐만 아니라 그것이 지금까지의 흐름, 즉 문맥과 어떻게 연관되는지를 동시에 탐색하는 이치와도 같다. 각각의 조각들이 갖는 연관성들이 하나의 맥락적 조건을 만들고, 또 그렇게 만들어진 조건은 또 다른 맥락이 되어 다음 퍼즐 조각이 어떤 것이 선택되어야 할지에 직접적으로 영향을 주는 등의 방식으로 퍼즐풀이의 과정 전체를 형성해나간다. 예컨대, 퍼즐 조각들 사이의 빈 공간의 그 때 그 때의 즉각적인 출현은 우리에게 '무언가 있어야 할 것'이라는 기대감을 바탕으로 소위 '현상학적 장(phenomenal field)'을 가시화시켜 다음 행위를 동기화시키도록 하는 조건으로 작용하여 전체와 부분의 연관성을 추론하도록 한다.

이러한 행위의 속성은 그것이 놓여진 맥락화된 문제들에 의하여 경우화되어 일어난다. 이것은 무한한 퍼즐풀이 게임의 기술일 수도 있으며, 똑같은 게임이 언제나 새로울 수 있는 것의 이유이기도 하다. 즉, 그 때 그 상황이 갖는 다양한 경우의 수가 비록 그 게임의 규칙이 하나일지라도 새로운 연관성을 추론하도록 하는 동인으로 작용하는 것이다. 따라서 매번 경험되는 다음 상황은 항상 '처음처럼'의 요소를 갖는다. 그리고 그러한 예측 불가능한 긴장감이 다음 행위에 대한 추론을 유발시킨다.

문제를 해결해 나가는 동안 그리고 도모한 일을 수행하는 과정에서 다양한 맥락적 추론이 유발된다. 이러한 추론은 다음 상황에 대한 기대감, 이전의 상황에 따른 행위로 인한 매번 낯선 '현장성'으로 인한 것으로, 상황 맥락을 성립시키는 기반으로서 '시간성(temporality)'의 속성을 잘 보여준다. 여기서 '시간'이란 우리 행위에 총체성을 부여하는 구조화의 원천으로서, 그것은 우리가 행위를 해나가는 테두리로서 작용하며 행위를 유발해나간다. 이러한 시간이 행위의 테두리로서 작용할 수 있는 것은 사고에 선행하여 경험되는 정서적 기대감을 동반하기 때문이다. 여기에는 이전의 경험이나 일어날 법한 일에 대한 예견과 같은 개인의 이해의 지평이 행위 전반에 작용하며 우리의 행위의 방향성으로 작동하게 된다. 이것은 학습자의 맥락이 유발한 이전 경험에서에서 비롯된 막연한 결과에 대한 우려나 기대와 같은 요인들이 고려된 우연적인 상황의 산물인 것이다. 이처럼 실천이 엮어가는 시간의 흐름은 일이나 경험, 학습 등의 과정을 결정짓는 맥락의 속성을 잘 보여준다.

경험은 어떻게 암묵적·맥락적으로 학습되는가

학습에서 실천공동체는 어떻게 경험되는가

감각적 지식과 같은 경험의 학습은 통상적으로 암묵지의 생성과 공유로 다루어진다. 커피 바리스타 기술은 바리스타 교육 프로그램에 한동안 참여하는 과정에서 생겨난다. 고수들이 교수자로 참여해서 수련생들에게 그 기법을 전달해준다. 그러한 기법은 커피를 추출해내는 기술과 맛을 감별하는 능력 등으로 구성된다. 수련과정에 참여하는 수련생의 경험을 재구성할 수 있다면 커피 바리스타의 기술이 어떻게 해서 생겨날 수 있는 것인지, 즉 감각적 지식이 어떻게 학습되는지 알 수 있을 것이다. 쓰고 시기만 한 비슷비슷한 맛의 커피들이 어떻게 수십가지의 커피로 분류될 수 있는지, 콩이라는 자연의 식물성 자재가 어떻게 커피라는 사회문화적 소비재를 둘러싼 문화적 기호의 대상으로 둔갑될 수 있는지 그 과정에 관여되는 수많은 실천들에 관한 우리의 이해를 새롭게 해 줄 것이다.

일반적으로 암묵지를 습득하기 위한 부단한 연마와 연습은 흔히 '무맥락적이고' 개인적인 상황이라고 간주하는 경향이 있다. 그러나 모든 연습에는 일정 부분 시연의 성격이 있다. 여기서 시연이라 함은 누군가를 염두에 둔 연습이라는 의미다. 예컨대 다가올 연주회를 준비하면서 연습에 임하는 경우가 그렇다. 도자기 만드는 법을 마스터를 따라 열심히 연습하는 도제공은 어떠한가? 도자기 흙을 빚는 연습도 시연에 해당하는가? 모든 연습에는 타자의 현존(co-presence)이 직접 또는 간접적으로 결부된다는 점에 관해 되짚어볼 필요가 있다(Wenger, 1998). 상징적 상호작용주의자들에 따르면 개인의 머릿속 사고조차 실제 대화의 시뮬레이션이다. 우리 안의 사고의 흐름은 독백체(monologue)라고 생각되지만 훨씬 대화체(dialogue)의 성격을 갖는다. 어떤 사안을 두고 우리가 머릿속으로 어떤 생각을 정리해 나가는 데 말들을 만들면서 이어나가는 경우를 떠올려 보면 이

지적이 의미하는 바를 충분히 이해할 수 있다. 비록 혼자 생각을 하는 것이지만 거기에는 주체적 자아(I)와 객체적 자아(Me) 간의 대화체가 스며들어 있다. 이런 점에서 비고츠키주의자들은 우리의 사고는 어떤 개념이나 의미의 내면화가 아니라 상호작용의 내면화로 나타나는 양상이라고 말한다.

상황학습, 즉 감각적 지식이 맥락적으로 습득된다는 것은 다음과 같은 의미에서다. 이 모든 감각적 지식은 '동료 등 다른 사람들과의 상호작용이 가능한 방식으로' 구성된다는 점이다. 다소 추상적으로 정리하자면 이 모든 과정에는 프랙티스가 관여되어야 하고 프랙티스는 인터렉티브한 속성을 기반으로 하기 때문이다. 인터렉티브한 측면들은 대개 맥락적이고 주변적이어서 당연시되어 간과되기 마련이다. 왜냐하면 커피의 맛과 향에 관해 익힐 때 학습자의 주의는 온통 객체 대상, 즉 커피 자체에만 집중된다고 생각하기 때문이다. 따라서 커피 맛의 감별이라는 암묵지가 생겨나는 조건으로 학습자와 객체 대상 간의 상호작용만을 생각하기 쉽다.

한편 여러 연구 결과에 따르면 상호작용은 대상 객체와의 상호작용만에 국한되지 않는다. 시카고 사회학자 베커(Becker, 1973)가 연구한 『아웃사이더(outsiders)』에 따르면 마리화나 중독자가 되기 위해서는 동료들과 서로 경험을 주고 받는 학습의 과정이 필요하다. 그에 따르면 마리화나의 소위 '뿅가는' 기분을 맛보게 되는 것은 마리화나에 함유된 중독성분 때문만은 아니다. 그는 초심자가 노련한 흡연자 등 동료들과 그 경험을 암묵적으로 맞춰가는 가운데 생겨난다는 점을 발견하였다.

그러한 객체를 마주하는 이 일과 연관되어 있는 사람들과의 상호작용 또한 객체에 관한 지식이나 그것을 다루는 기술에 스며들어 있다. 우선 '누가' 그렇게 하느냐의 문제가 경험에 암묵적으로 개입된다. 신참의 경우 교수자는 고참으로 이미 공동체 안에서 맥락적으로 설정되어 있다. 덕분에 고참이 하는 말이나 행동양식들은 지식의 전형인 것으로 받아들여 그를 모방하고 따르려고 한다. 이때 초심자는 어떠한 의심도 유보한 채 고참의 행태를 따르고자 한다. 고참의 지시나 경험이 설령 당장 따르기도 그리고 자신의 경험으로 받아들이기 힘든 부분들이 있더라도 신참은 일단 자신의 판단을 유보한 채 그를 믿고 따르려는 태도를 취한다. 실천공동체가 학습의 기제로 작동할 수 있는 데에는 집단 정서, 즉 에토스(ethos)가 기반이 되기 때문이다. 웽거(Wenger, 1998)가 그의 저서에서 실천 공동체론이 네트워크 학습론과는 다르다고 역설하는 것도 바로 학습의 '정서적 토대' 때문이다. 이러한 정서는 자신과 자신이 동일시하고자 하는 공동체의 전형 간의 차이를 서로 맞춰 나가고자 하는 태도에서 시작된다. 참여를 통해 형성하 는 아이덴티티는 동일시(identification)의 기제가 작동하면서 비롯되는 산물이다.

상호작용의 객체, 즉 커피의 맛을 감별해내는 능력에는 혀끝에 체화된 암묵 지 뿐만 아니라 공동체가 공유하는 방식으로 객체화하는 능력도 동시에 요구된 다. 물론 그 양자는 분리될 수 없는 하나지만 설명의 편의상 구분하자면 그렇다. 같은 맥락에서 윈치(Winch, 1958)에 따르면, 기계공이 기계를 수리할 수 있게 되 었다는 것은 기계를 수리할 수 있게 되었다가 아니라 다른 기계공이 기계 수리 하는 것을 할 줄 알게 되었다는 것을 의미한다. 학습 경험이 어떻게 생겨나는 것인가에 시사점을 제시해 준 많은 질적인 사회학 연구들은 학습 경험에서의 '당연시된' 측면을 그러한 사회적 상호작용에서 발견하고 있다. 암묵지를 개인적 인 지식이 아닌 '인격적인' 지식이라고 지칭하는 것도 바로 이러한 연유, 개인적 (personal)이면서도 공적인(public) 성격 때문이다.

정체성의 범주와 그것의 형성 역시 암묵지와 그의 학습의 양상과 유사하다 고 한다면 암묵지 학습의 이중구속에 관한 위와 같은 해석은 이에도 동일하게 적용해 볼 수 있다. 모든 멤버십 범주는 특정한 공동체가 아니라 실천의 성운 (constellation)으로서 성립한다고 말하는 것이 더 정확하다. 익명의 다수로 된 공 동체를 전제로 해서 성립한 것이다. 예컨대 아버지들의 실천공동체는 존재한다 고 말하는 것은 어색한 표현이다. 그러나 아버지라는 아이덴티티 범주는 비슷한 처지에 놓은 익명의 다수가 공유한다고 보는 실천의 양상과의 연관성 하에서 성 립한다. 마치 밤에 육안으로 비치는 일곱 개의 서로 인접한 별자리를 하나의 북 두칠성으로 보듯이, 실체로서 존재하지는 않지만 의미로서 존재한다는 말이다.

마찬가지로 암환자라는 실천공동체는 형식적으로 존재하지 않지만(물론 암환 자협회 같은 것이 있을지는 모르겠지만), 암환자라는 정체성 범주는 실제로 존재한다. 누군가 암환자가 된다는 것은 몸에 암에 걸렸다는 것 이상의 의미를 갖는다. 자신의 질병이나 세상을 어떻게 바라보고, 암환자로서 자신의 삶을 어떻게 살아가야 하는지, 자신이 걸린 질병과 관련해서 어떻게 먹고 어떻게 대응해 가야하는지 등 자신이 겪어보지 못한 사람들의 경험들과 함께 서서히 익혀간다. 그들의 전형을 암묵적으로 받아들인 것이고 그런 만큼 암환자라는 범주는 그의 정체성 일부로 자리잡게 된다. 암환자로서의 정체성은 질병에 대한 대응전략의 일환으로 형성되는 것이기도 하고 사회적 대응전략으로 생겨나는 것이기도 하다. 이러한 아이덴티티는 실제적으로 우리가 그 실천에 참여하는 만큼만 상황화되어 나타나는 전형이다. 존재의 임(being)은 되기(doing)에의 참여의 결과 나타나는 '기투된 양상'(being in the world)이다.

연습은 어떻게 맥락의존적인가

대부분의 학습은 지식이나 경험의 숙달과 관련되어 있다. 아이들은 구구셈을 익히기 위해서 셈법의 숫자들을 무한히 반복해서 읊는다. 시험을 앞두고 교과서에 나오는 개념을 익히기 위해서 암기도 하고 그 개념이 응용된 문제를 풀어보기도 하는 공부에서도 반복 연습은 필수다. K팝 악보를 보고 이를 피아노로 연주하기 위해서는 피아노 건반을 두드리는 연습을 수없이 반복해야 한다. 사회학자 세넷(Sennett, 2008)에 따르면 전문 목공이나 전문 연주자의 기량에 도달하기 위해서는 1만 시간의 연습이 필요하다고 한다.

전문가의 프랙티스와 맥락의 매니지먼트

연습이 어떻게 맥락적으로 경험되는 것인지 살펴보기 앞서 전문가들의 실천이 어떻게 맥락의 운영(situated management of knowledge)적인 특징을 보이는지 살펴보자.

다음은 실제 진료 상황의 시뮬레이션 상황인 가상의 진료 상황에서의 문진 장면이다. 여기에서 의사는 환자의 개별적이고 모호한 신체 증상을 환자와의 상호작용 과정에서 자연스럽게 하나의 의학적 사실로 연관시켜 진단내리고 있다.

의사: 전혀 없으시구요. 예, 음… 그 검은색 변. 검은색 말고는 뭐… 점액질이라던
　　　지 그런거는 섞여 나온다 그런 건 없었나요?

환자: 점액질이요?

SD : 네. 뭐 하얗게 뭐 다른 물질이 섞여나온 건 아니에요?

P　 : 글쎄요. 그런 건 잘 모르겠네요.

SD : 그런 건 모르시겠구요. 설사 같은 건 하세요?

P　 : 아니요

SD : 안하시구요. 예. 배가 혹시 아프세요?

P　 : 아. 가끔.

SD : 어디가 아프세요?

P　 : 글쎄요. 명치 근처에서 아픈가? 그런 게 좀 있었어요.

SD : 명치 근처요. 어… 언제부터 그러셨어요?

P　 : 글쎄요. 정확하게는 잘 모르겠구요. 몇 달 된 거 같아요.

SD : 몇 달 전부터요. 어떻게 아프세요? 쓰린 느낌이에요? 아니면은…

P　 : 쓰릴 때도 있어요.

SD : 아. 쓰린 느낌이세요?

P　 : 예. 쓰릴 때도 있어요.

SD : 아. 그게 식사랑 연관이 있는거 같나요? 밥을 먹으면 괜찮다던지 뭐 밥을
　　　먹으면 더 아프다던지…

P　 : 예. 쓰린거는… 에… 그런… 밥먹기 전엔 좀 쓰리다가 먹고 나면 좀 괜찮아
　　　지는 거 같기도하고… 예…

(중략)

SD : 예. 알겠습니다. 통증이 명치 부위가 아프다고 하셨잖아요. 통증이 뭐.… 다
　　　른 쪽으로 뻗친다던지 그런 느낌은 없으세요?

P　 : 뻗친다구요?

SD : 예. 뭐… 여기가 아프다가 등이 또 아프다던지…

P　 : 아니요. 그런 거 모르겠는데….

SD : 그런 건 모르시겠구요. 예. 메스꺼우세요, 좀?

P　 : 가끔 그럴 때가 좀 있었던 거 같아요. (조현영, 2015)

위 상황에서 의사는 환자에게 질문을 하고 이에 대한 환자의 대답을 다시 한

번 반복하며 확인한다. 그것은 환자의 대답을 스스로 재확인하는 혼잣말처럼 보이지만, 그 공간 안에 있는 누구든지 들을 수 있다. 그런데 한 가지 흥미로운 사실은 의사가 환자의 애매하고 불확실한 대답을 다시 말하는 과정에서 의미를 한정시키는 방식으로 재구성하여 말하고 있다는 사실이다. 예컨대, 통증의 양상을 묻는 질문에 "쓰릴 때도 있어요."라고 말하는 환자의 대답에 대해서 의사는 "쓰린 느낌이세요."라고 환자의 통증이 쓰린 느낌이라고 단정지어 말한다. 환자가 '쓰릴 때도 있다'라고 말한 것에는 문법상 그렇지 않은 느낌일 때도 있다는 의미를 내포하고 있을 것이다. 그런데 의사는 이에 대해 더 이상 구체적으로 묻지 않고, 쓰린 느낌이라고 통증의 양상을 한정지어버린다. 그런데 환자는 의사의 이러한 말에 어떠한 반박도 하지 않는다. 마찬가지로 통증의 부위도 환자는 "명치 근처에서 아픈가?"라고 대답하며 통증 부위의 경계를 애매모호하고 불확실하게 대답한다. 그런데 의사는 잠시 뒤 신체 진찰이 이루어지는 상황에서 통증의 부위를 이야기할 때, "통증이 명치 부위가 아프다고 하셨잖아요."라고 단정짓고 다음 질문을 이어간다. 마찬가지로 환자는 이에 대해 어떠한 반박도 하지 않으며, 오히려 환자는 다음의 신체진찰 상황에서는 '정확히 명치 부위'에서 강한 통증을 호소한다. 에피소드 에서 보여진 환자의 애매모호한 설명방식과는 달리 이어지는 상황에서 환자의 복부 통증은 매우 자명한 증상인 것처럼 보인다.

의사가 환자의 말을 재구성하여 말하는 방식은 단순한 혼잣말로 보이지만, 이것은 환자의 대답에 대한 의미를 확정짓는 중요한 역할을 한다. 환자가 '명치 근처'라고 통증의 경계 부위를 모호하게 말한 뒤, 다음 대화에서 의사가 '명치 부위'라고 경계를 한정지어 말했을 경우, 위 대화에서는 환자가 어떠한 언급도 없이 다음 대화가 이어진다. 이것은 직접적으로 대답을 하지는 않았지만 의사가 명치 부위로 한정한 것에 큰 이견이 없다는 것을 암묵적으로 인정한 것이 된다.

의사의 지나가는 듯한 말들에 대한 환자의 인정 혹은 거절의 입장 표명은 다음 대화에서 이 문제에 대한 협상을 계속 할 것인지 다음의 문제로 넘어가도 되는지에 대한 국면의 전환 여부를 결정한다. 또한 이러한 방식의 발화는 환자의 대답을 다시 한번 상기시키면서 다음 발화의 내용을 떠올리기 위한 시간적 여유를 제공하기도 한다. 자연스러운 진료 상황에서 대화와 대화 사이, 행위와 행위

사이의 공백이 너무 길다면 이것은 매우 어색하거나 혹은 그 또한 어떠한 의미
를 갖는 것으로 해석되기 쉽다.

따라서 공백이 다른 의미를 갖는 것이 아니라면, 다음 행위를 탐색하는 중에
도 그 상황을 자연스럽게 이어가는 말이나 행동이 이루어져야만 한다. 특히 임
상수행평가의 가상의 진료 상황에서 학생 의사는 표준화 환자의 말을 재구성하
여 되묻는 방식을 통하여 진단에 필요한 증상들의 의미를 한정시켜 문제해결의
실마리를 찾아낼 뿐만 아니라, 다음 발화 행위를 준비할 수 있는 시간을 확보해
나간다. 이러한 상호작용의 방식은 전문가와 비전문가 사이의 비대칭적 상호작
용 상황에서의 특징을 잘 보여준다. 전문가는 환자의 진료라는 개별적이고 유사
한 상황들 가운데서 어떻게든 진단과 처방이라는 방식으로 매우 그럴듯하게 문
제를 해결해야하는 처지에 놓인다. 따라서 의사는 어떠한 방식으로든 애매모호
한 증상들을 자신이 처리할 수 있고, 설명가능한 문제로 재상정해야 하며, 이것
은 상호간의 상호작용이라는 담화의 과정을 통해 위와 같이 이루어질 수 있다.

다시 말해서, 전문가는 문제 상황에서 자신을 둘러싼 상황 속에 놓여진 다양
한 자원들, 즉 여기서는 환자의 말이나 환자와의 불평등한 파워 관계 등을 적절
히 활용해가면서 상황을 의도에 맞게 이끌어낸다. 즉, 차이의 간극을 좁혀가기
위해 맥락적 요인들을 적재적소에 배치하는 전략을 통해 맥락의 유사함을 동일
함으로 바꾸어가는 것이다.

상황의 차이와 상황의 반복: 연습에 의한 학습

하이데거(Heidegger)는 '거리제거'와 '방향잡기'라는 두 가지 성격의 존재 양식
을 통해 상황 맥락의 운용전략에 관해 설명한 바 있다(박찬국, 2014). 어떤 것을
하기 위해 필요한 도구를 사용하기 편리하게 가까이 두는 것은 '거리제거'에 해
당한다. 이는 익숙하고 능숙하다는 것을 뜻한다. 거리가 가까울수록 대상에 대
한 의존도가 커짐에 따라 그 존재 자체를 인식하지 못할 정도로 비가시화되어
편안하고 익숙함을 느끼게 된다.

여기에서 거리 혹은 가시성은 결코 물리적 사실을 의미하는 것이 아니다. 이
는 도구의 용도에 따라 매우 맥락적이고 상대적으로 존재한다. 예를 들어 우리
가 못을 박고 있을 때 망치가 나에게서 2미터밖에 떨어져 있지 않더라도 손을

뻗으면 닿을 수 있는 거리가 아니기 때문에 멀리 있는 것으로 여겨지는 것과 같은 이치이다. 뿐만 아니라, 너무나 가깝고 익숙해서 그것이 가시화되지 않는 대상의 경우, 오히려 가시화된 다른 대상들의 비해 더욱 원거리로 느껴질 수밖에 없다. 예를 들어, 내가 착용하고 있는 안경의 존재는 대화중인 눈앞의 누군가보다 더욱 멀리 느껴질 수도 있다.

　익숙하고 편안한 존재란 거리제거와 동시에 방향을 잡는다는 성격을 지니고 있다. 도구의 거리를 제거하고 방향을 잡는 행위들은 상황의 흐름 속에서 연속적으로 발생한다. 벽에 못을 박기 위해서는 망치와 플라이어(일명, 펜치라고 불리는 집게)가 필요하다. 망치와 플라이어는 행위자가 망치질을 하는 방식에 따라 서로 번갈아가며 사용되기도 하고 동시에 사용되기도 한다. 따라서 망치와 플라이어는 다음에 이어질 행위에 따라 때론 망치가 더 잡기 쉬운 방식으로, 때론 플라이어가 더 잡기 쉬운 방식으로 거리를 두고 놓일 때, 막힘없이 못박는 행위가 전개될 수 있다. 여기서 방향잡기란 일의 전후맥락 속에서 도구와 행위자 사이에 거리를 조절하는 행위를 가리킨다.

　익숙하지 않은 길에서 자전거 타는 법을 익히는 과정을 예로 들어보자. 평탄하고 고른 길을 자전거로 달릴 경우, 핸들을 잡는 방식과 페달을 밟는 방식과 같은 자전거 타기의 기능들은 매우 익숙하고 편안하여 크게 의식하고 애써야 하는 고려대상이 아니다. 그런데 요철을 넘어야 하는 상황처럼 새로운 상황에 놓일 경우, 핸들을 느슨하게 잡기도 하고 세게 잡기도 하며, 페달을 천천히 혹은 빠르게 밟기도 하면서 적절하게 조절해가야만 한다. 또한 브레이크를 잡음과 동시에 요철을 넘어가면 펼쳐질 평탄한 길을 예측하고 브레이크를 서서히 풀며 페달을 힘차게 밟는 다음 행위를 도모하기도 한다. 여기서 자전거를 타는 데 필요한 기술이란 맥락적 도구들을 때론 어떤 것은 상황에 가깝게 끌어오고, 때론 조금 멀리둠으로써 상황에 적절하게 거리를 조절하는 역량을 의미한다. 또한 다음에 펼쳐질 상황과 이전에 일어난 상황들 가운데서 다음에 필요한 기능들을 활용하기 용이하도록 도구들의 활용 방향을 예측하고 준비시키는 과정이기도 하다.

　한편, 여기서 방향을 잡는다는 것은 잔재주나 잔기술과 같은 변형된 행위를 의미함과 동시에 도구 자체가 갖는 의미를 확장해나간다는 의미를 함축한다. 좌측과 우측이라는 방향이 존재한다는 것은 정방향이라는 그것의 기준이 존재할 때에만 가능한 것이기 때문이다. 그리고 차이를 얼마만큼 알고 있는지는 결국 정방향이 어디인지를 더 정확히 숙지하게 되었음을 의미하는 것이기 때문이다. 우리가 그 대상에 변형된 다양한 행위를 가한다는 것은 대상 자체에 가하는 힘이라고 생각하기 쉽지만 사실은 그것을 둘러싼 맥락들을 조율하는 방식을 취한다. 이는 본인이 하고자 하는 일에 걸림돌이 되는 저항하는 요인들을 재배치하는 활동이기도 하다. 이 과정은 끊임없이 모호함 속에서 해를 찾아가는 과정이기도 하여, 이 과정에서 겪는 실패의 경험들은 다양한 맥락에의 경험이며 맥락적 자원들을 활용해보는 교육적 경험이라 할 수 있다. 이러한 경험들은 모두 그 객체를 둘러싼 상황의 정서를 풍부하게 해주는 의미들로 남게 된다. 시행착오의 과정에서 느낀 그 어떤 사소한 경험들도 의미없는 순간은 없으며, 경험은 또 다른 실용적인 목적에 따라 동원될 수 있는 가능성을 잠재한 자원으로 남는다.

이러한 점에서 연습이란 완벽함에의 갈망 그리고 결코 성취될 수 없는 완벽함을 향한 긴장 가운데 수행되는 반복이자 동시에 부단히 쇄신하는 변화를 의미한다. 완벽하지 못한 상태(imperfection)가 만들어내는 반복 연습과 변주는 그 상태로의 멈춤을 의미하기도 하지만 때로는 자기 안에서 새로운 스타일의 창출로 이끌기도 한다. 결국 지식이나 기술을 숙달하기 위해 임하는 연습은 상황 간 차이와 동일성을 반복적으로 경험하는 상황학습이다.

지식의 전달은 어떻게 맥락에 의존하는가: 시각화의 사례

시각자료에 의한 정보 전달과 실제 사용 경험

가구뿐만 아니라 직접 조립하여 사용하도록 판매하는 물건들의 경우, 제조사는 소비자들이 조립을 돕기 위한 조립도를 함께 제공하기 마련이다. 특히, 최근 인터넷을 통한 정보의 공유방식이 대중화되면서, 조립도 이외에도 직접 조립하는 과정을 사진으로 보여주거나 동영상 자료들을 올리는 방식으로 조립의 과정이나 전략들에 대한 정보를 공유하고 전달할 수 있는 방법이 다양해졌다. 이러한 자료들은 대체로 언어로 전달하는 것에 어려움이 있는 정보들을 시각화(visualization) 함으로써 사용자가 보다 용이하게 제작과정을 따라할 수 있도록 한다. 그렇다면 이러한 시각화 자료들은 전달하고자 하는 지식이나 기술에 대한 정보를 얼마만큼 정확하고 풍부하게 제공할 수 있을까? 다음은 조립식 가구로 유명한 I회사의 가구조립도이다.

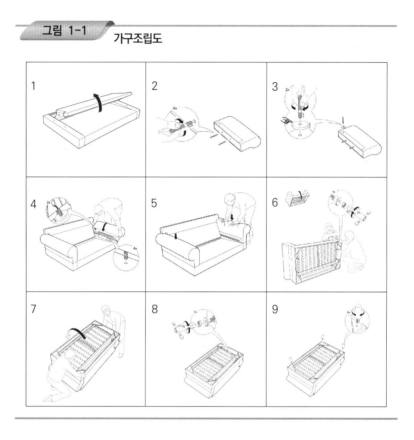

그림 1-1 가구조립도

위와 같은 가구조립도에서는 순서대로 따라하기만 하면 완성된 형태의 가구 조립이 가능하다고 설명한다. 그렇다면 가구조립 과정은 조립도의 정보를 그대로 따르는 절차적 이행이라고 볼 수 있을까? 분명 조립도는 언어의 정보전달력이 갖는 한계를 보완하고 좀 더 구체적인 정보를 제공하고 있음에는 틀림없다. 각 단계의 그림은 과정상 필요한 조작의 방식을 가급적 시각화하여 전달하는 것에 목적을 둔다. 그럼에도 불구하고 조립도의 그림이 무엇을 말하는지에는 이를 따라 하고자 하는 사용자에게는 항상 애매모호함이 뒤따른다. 각 그림이 보여주는 화살표의 방향이나 나사의 조립순서 등은 그 자체로 의미가 분명치 않다.

사실상 그러한 그림들은 실제로 대상과 그림을 견주어보고, 행위를 가하고, 조율하는 방식을 통해서 그 의미를 찾아가는 실천이 동반되어 있을 때에만 비로소 그 의미가 성취된다. 예컨대, 물건을 다루는데 필요한 정교함이나 힘의 강도, 나사를 조이는 방향이나 각도 등은 사실 그림의 표현된 화살표만으로는 정보가 부족하다. 그리고 그것을 다루는 개인들의 조작능력의 차이나 신체적 조건의 차이들도 그 정보를 활용하고 해석하는 데 차이를 만들어낸다. 물론 이전 경험이나 배경지식들 역시 그림을 이해하는 것에 차이를 가져온다. 다시 말해서, 어떤 기술이나 경험을 담는 이러한 시각 자료는 그 자체로 어떠한 정보를 전달해주지는 못한다. 사실상 각 단계의 시각화된 정보는 각 단계에서 필요로 하는 정보의 일부를 보여줄 뿐, 그것이 어떤 의미를 갖는지는 순전히 사용자의 역량에 달려 있다. 시각자료를 통해 정보나 기술이 어떻게 전달되는지 이해하기 위해서는 사용자가 어떻게 실제 상황에서 무엇을 하는지 면밀히 살펴보아야 한다.

시각화 자료가 정보를 전달하는 데 제한적일 수밖에 없는 이유는 사람들은 통상 현상이나 대상 사물을 있는 그대로 보지 않는다는 데에서 찾아볼 수 있다. 누군가가 무엇을 보는지는 그의 관점이나 의도에서 나아가 맥락에 따라 결정된다. 단순하게 말해 사람들은 대상을 보고 싶은 대로 본다. 이러한 점에서 보면 시각화 자료가 이해나 경험의 변화로서 학습에 직접적으로 영향을 미친다는 것은 제한적인 범위 안에서만 가능하다. 새로운 정보를 받아들인 학습의 결과 눈이 애초에 자신이 본 것과는 다른 것을 보게 되기 위해서는 시지각의 작동만으로는 충분치 않다. 여기에는 다른 지각행위가 동반되어야만 한다.

본다는 것과 실제 행위

다음은 5세 어린아이가 새로운 글자를 배우는 상황에서 관찰한 내용이다.

엄마: (알파벳 'P'를 그리며) 이렇게 '1'을 쓰고.. 이렇게 'ㄱ'를 그리면 되는거야.

아이: 알았어. 알았어. ('1'을 그리고 거기에 'ㅇ'를 붙인 형태의 그림을 그린다)

엄마: 아니, ('1'을 그리고 우측 반원 형태의 모양을 반복적으로 그리면서) 이게
아니고 이거라고.
아이: 알았다고. (다시 '1'을 그리고 거기에 'O'를 붙인 형태의 그림을 그린다, 엄
마 그림과 비교하며 갸우뚱한 표정을 지으며 몇 개의 그림을 더 그려본다)
엄마: 아니. 잘 봐. 동그라미까지 그리지 말고 여기서 멈추라고. 엄마 손잡아봐.
(손을 잡고 'P'를 함께 그려준다.)
아이: 아... 멈추라고? (다시 혼자서 반원을 주춤거리며 그려보며 엄마의 그림과
비교해본다)

위 상황은 본다는 것이 어떻게 대상을 있는 그대로 보기보다는 자신에게 익
숙한 대로 이루어지는 일인지 잘 보여주는 예다. 위 상황에서 아이의 반응을 보
면 아이에게 알파벳 'P'는 기존에 자신에게 익숙한 숫자 1과 동그라미와의 조합
으로 보였을 것이라는 점을 유추해 볼 수 있다. '아마도' 반원 형태의 그림을 한
번도 그려본 적 없는 아이에게 그것은 인지하기조차 쉽지 않은 일이다. 아이가
원으로 본 것을 반원으로 보기 시작하는 것은 엄마의 손에 안내를 받으며 자신
의 손으로 직접 반원을 그리면서부터다. 아이가 마침내 도달한 'P'의 형상은 이
해를 바꿈으로써 도달한 결과가 아니라 누군가와 호흡을 맞추며 직접 자신의 손
을 움직여 차이를 발견하는 실천의 산물이다. 즉, 손을 엄마와 함께 맞춰보면서
아이가 다른 것을 보게 된 것이다. 엄마와의 협력 행위가 어떻게 아이의 시각을
다르게 만들고 그리고 이에 따라 아이가 다른 이해를 성취하게 되는지 잘 보여
주는 예다. 이처럼 상호작용의 행위는 주체와 객체 사이의 매 순간 적절한 이해
의 가능성을 열어주는 마중물을 제공한다.

실제적 전략으로서의 말의 사용

어떤 경험의 전달은 시연만으로도 가능하지만 어떤 경험의 전달에는 말이
관여한다. 말을 통한 경험의 전달은 일상 어디에서나 목격되는 가장 전형적인
예이다. 이 때 말은 내용을 전달한다기보다는 주의를 어디에 집중시켜야 할지
행위를 지시하거나 촉구하는 등 행위에 더 가까운 것으로 나타난다. 즉, 말은 추
상적이고 문어체적인 원거리어(distant language)보다는 구체적이고 대화체적인 근

접어(proximal language) 속성을 띤다. 실천으로서 근접어를 사용하고 있다는 점을 잘 보여주는 대표적인 말은 첫째 맥락지시어(indexicality)이다. 맥락지시어의 활용은 우리의 사고와 행위가 얼마나 맥락에 몰입(immersion)되어 그와 구분하기 어렵게 전개되는지를 잘 보여주는 예다. 사실 상황학습론은 학습에서 맥락지시어 문제를 다루는 것으로부터 시작되기도 하였다. 가장 간단한 맥락지시어는 '이' '그' '저'와 같은 형용사로 이러한 말들은 발화의 맥락을 참조해서만 그 의미를 알 수 있다.

일상에서 맥락지시어의 사용은 여기에 그치지 않고 훨씬 광범위하다. 화학 실험실의 한 상황에서 연구자가 조교에게 "이제 그 물 충분히 끓었어."라고 말을 한 경우를 생각해보자. 예컨대 이 말을 객관적인 표현으로 바꾸면 "한국 표준 시각 13시 57분 H_2O가 섭씨 97.7도로 가열되었다."라고 할 수 있다. 그러나 사람들은 그들의 생활공간에서 혹은 일을 해 나가는 과정에서 실지로는 그러한 객관적인 표현은 사용하지 않는다. 사람들은 구체적인 맥락 안에 있는 사람들이라면 이미 맥락지시적인 표현으로 충분히 의미를 통용할 수 있다는 점을 알고 있다. 맥락지시적인 표현들은 실제 맥락에서 정확하고 객관적인 표현의 사용보다 오히려 대화에 안정성과 실용성을 담보해 준다. 예컨대, 사람들은 일의 진행을 잠시 멈추고 맥락 지시적인 표현들에 대해 객관적으로 풀어 설명하거나 이것이 상대방에게 전달되었는지 확인하고 다시 진행되던 일로 돌아오는 방식을 취하지 않는다. 만약 그런 방식으로 사람들이 말을 해야 한다면 매 상황 하고자 하는 일이나 나누고자 하는 대화는 매끄럽게 전개되지 못할 것이다.

구체적인 삶에 더욱 가까운 말이 구사되었을 때 그 말은 활성화된 기능을 갖게 되면서, 즉 더욱 맥락에 대한 조작 가능성이 커지면서 하고자 하는 일을 성공적으로 이끈다. 즉, 삶에 더 가까운 언어가 공유된 지식이나 공감을 이끌어낼 수 있다고 볼 수 있다. 이러한 삶에 가까운 언어의 사용은 일의 흐름을 훨씬 더 원활하게 한다. 이를 두고 세넷(Sennett, 2008)의 말을 빌어 인용하면, "표현 자체가 중요한 게 아니라 그렇게 상상을 동원하는 행위가 어떤 목적에 쓰이느냐 하는 것이" 중요하다(p. 309).

세넷(Sennett, 2010)은 그의 저서 '장인'에서 손재주와 같은 경험의 학습에 관해 상세히 설명하고 있다. 경험의 전달에서 근접어의 사용이 학습자로 하여금 어떻게 공감을 불러일으키는지 세넷의 예를 좀 더 길게 인용해보겠다.

은유와 같은 근접어 삶에 가까운 말, 즉 맥락지시적인 말들이 유사한 것을 동일시하게 한다는 힘으로서의 상상력을 어떻게 유발시키는지(Lakoff & Johnson, 1980), 세넷(Sennett)은 자신의 경험을 예로 들어 설명한 바 있다. 고참을 따라 무심코 따라하면서 배우는 행위에는 참여자가 스스로 상상하면서 배워가는지 잘 보여준다. 한 예가 유럽에서 건너온 영어에 서툰 할머니가 그녀의 전통적인 요리법을 전달하고 그가 따라하는 상황에 관한 자신의 경험 이야기다. 그의 설명은 조리법에 관한 정확한 서술(예컨대, 들어가는 양념의 양을 나타내는 수치, 몇 도의 불에 그 고기를 익히는 정도를 정확히 표현한 서술)보다 은유적인 표현들로 제시된 닭요리 레시피가 이를 따라 요리를 배우는 참여자로 하여금 어떻게 상상을 일으키고 따라서 좀 더 정확히 그 기술을 전달하는지 보여준다.

> "네 아이가 여기 죽어 있다[닭을 가리킴], 그 아이를 새 생명으로 준비시킨다[뼈를 발라냄], 흙으로 그를 채운다[재료를 채워넣음], 조심하라! 그 아이가 너무 많이 먹으면 안된다[재료를 가볍게 넣음], 금빛 외투를 입힌다[익히기 전 노릇하게 그을림], 목욕을 시킨다[삶을 국물을 준비함]. 이제 아이를 데우는데, 주의해야 한다! 어린아이는 햇볕을 너무 많이 쐬면 죽는다[가열온도는 섭씨 130도]. 아이에게 보석을 달아준다[조리가 끝나면 부드러운 후추소스를 뿌림]. 이게 내 조리법이다."(김홍식 역, p. 308)

위 인용에서 보면 할머니의 요리 레시피는 비유와 그 비유가 지시하고자 하는 객관적인 표현([ ]안)으로 되어 있다. 세넷은 객관적이고 정확한 전달방식보다 비유와 같은 근접어가 어떻게 경험을 더 정확히 전달할 수 있는지 다음과 같이 설명하고 있다.

> 공감하는 방식으로 이야기를 구성하다보면 비유가 많이 동원된다. 여기서의 비유는 정확한 비유가 아닌 느슨한 비유다. 비유가 느슨한 데는 이유가 있다. 닭의 힘줄을 자르는 것은 기술적으로 끈을 자르는 것과 비슷한데, 그렇다고 느낌이 아주 비슷한 것도 아니다. 이렇게 느슨한 비유를 쓰면, 읽는 이들에게 배움의 순간을

열어준다. '똑같다'가 아닌 '비슷하다'고 하면, 힘줄을 자르는 바로 그 행위에 신경을 집중하도록 유도한다. 조리할 사람의 손과 뇌가 활발히 교류할 장이 열린다. 느슨한 비유는 정서적인 작용도 해서, 무슨 동작이나 행동을 처음으로 접하는 사람이 전에 해봤던 것과 비슷하다는 말을 들으면 자신감이 생긴다(p. 299).

무엇인가를 설명할 때 대상을 추상적인 것으로 두는 것이 아니라 대상을 보고자 하는 것으로 보는 상상 맥락을 조정한다. 일단 현상학적 장이 '만들어지면' 상상이 가능해지고 과정 전체를 볼 수 있게 된다. 즉, 맥락을 공유가능하게 만들어 상상을 돕는다. 이렇게 근접어의 사용은 과정의 전체상을 먼저 상상하고 실천을 행하는 순서는 참여자가 목표해야하는 것이나 앞으로 나아갈 과정을 미리 알게 하여, 실제로 행하게 되는 과정 속에서 목표지향적인 참여를 이끌어낼 수 있다.

처음 해보는 일에 대해 기존의 방법과 '똑같이' 잘해야 한다고 생각하면 나의 행위를 바라보고 있는 지시자의 눈치를 보게 되고 알 수 없는 기준에만 신경을 쓰게 된다. 결국 행위자가 처음 해보는 행위 그 자체에 집중하지 못하고 다른 외부적, 내부적 상황에 신경을 쓰게 되고 일을 망치게 된다. 하지만 느슨한 비유를 통해 행위자의 이전 경험과 연관을 시켜주면 그에 대해서 동일성을 느끼고 정서적으로 이전에 해봤다는 자신감을 가지고 불확실한 결과보다는 행위 그 자체에 집중을 할 수 있게 된다. 이를 느슨한 비유를 통해 처음 해보는 일에 대해 망설이게 되는 사고를 경험적 동일성의 사고로 바꾸어주며 동시에 행위 그 자체로 집중을 이끌었다는 점에서 사고와 행위의 극간을 해소했다고 표현했다.

활동이론(activity theory)에 따르면 이야기는 하나의 사물과 같이 우리 행위의 대상이 된다. 이야기 또는 말도 하나의 객체이며 사물의 대상이 된다는 것이다. 말이 전유화 되기 이전에는 언어적 기능인 의미에 초점이 맞추어지곤 하는데, 전유화가 되고 난 후부터는 말도 사물처럼 객체화되어 사용된다. 말 자체는 일을 가능하게 해주는 매개물이기도 하며 말 자체가 일이기도 하다. 또한 일을 하는 사람 사이에서 말은 목표에 어떻게 도달할 것인가를 위해서만 쓰이는 것이 아니라 그들의 정체성도 만들어 내며, 행위를 이끌거나 배제시키는 장치도 만들어 낸다. 여기서 이러한 동의를 이끌어낼 수 있는 사물 장치(affordance)는 '말'이다.

다음은 소크라테스와 사동이 서로 문답하는 방식으로 피타고라스 정리의 원리에 관해 가르치고 배우는 상황의 한 장면이다.

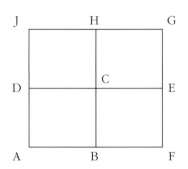

b40 소크라테스: 이제 이 구석과 이 구석을 연결하는 선분을 그어 보자. 이러한 선분은 이들 각 정사각형을 반으로 쪼개겠지?

사동　　　　: 예.

b41 소크라테스: 이러한 선분을 4개 그으면 사각형이 하나(BEHD) 생기겠지?

사동　　　　: 그렇습니다.

b42 소크라테스: 새로 생긴 이 사각형의 넓이는 얼마이겠니, 생각해 보렴.

사동　　　　: 잘 모르겠습니다.

b43 소크라테스: 정사각형이 4개 있었지. 각 선분은 각 정사각형을 반으로 쪼갰지?

사동　　　　: 예.

(중략)

b49 소크라테스: 이 4자 넓이 정사각형의 구석 이쪽에서 저쪽으로 그은 선 말이냐?

사동　　　　: 예.

b50 소크라테스: 이러한 선분을 학자들은 '대각선'이라고 부르는데, 이 용어를 사용하기로 하면, 이 대각선을 한 변으로 하는 정사각형이 처음 정사각형의 두 배가 된다는 것이 너의 생각이란 말이지?

사동　　　　: 그렇습니다, 소크라테스. (강완, 1996에서 발췌)

위 대화에서 '이 구석과 이 구석을', '정사각형을 반으로 쪼개겠지', '이러한 반 조각들이', '정사각형의 구석 이쪽에서 저쪽으로', '그 한 변은?-이것(DB)입니다'의 말들은 한편으로 보면 수학적 원리에 관한 설명을 담고 있다. 다른 한편으로 이러한 설명은 도형을 지시하거나 도형을 분할하는 가운데 병행되며 최소한의 지식에 익숙한 사람이라면 볼 수 있는 매우 상식적인 의미들로 구성된다. 즉, 교수자에 의해 유도된 지각의 구조에 따라 보고 확인하고 듣고 말하는 만큼 그 과정은 일상적이며 비매개적 행위로 진행된다.

여기서 교수자가 말을 통해 맥락을 시지각화하는 실제적인 전략을 참여적 전유(participatory appropriation)로 개념화해볼 수 있다. 참여적 전유는 맥락에 참여함으로써만 다루고자 하는 지식이 이해되고 활용되게 한다는 점에서 지식을 내면화함으로써 그것을 다룰 수 있게 된다는 '내면화'(internalization)의 논리와는 상반된 의미를 담고 있다. 그것은 현장에서 다루는 정보들이나 지식들이 그 현장에 임베디드되어 있는 맥락적인 말과 표현들(indexicality)로 드러나기 때문에 그 맥락에의 참여를 통해 그 의미를 이야기할 수밖에 없다는 의미이기도 하다.

지식을 전달하기 위해 동원된 이러한 전략들은 대개 말에 의해 구사된다는 점에서 담화적 실천(discursive practice)이라 할 수 있다. 담화적 실천이란 말이 표상의 역할보다는 어떤 행위를 촉구하거나 지시하고 견제 조정하는 역할을 수행한다는 의미를 담고 있다. 수행적인 발화(performative utterance)의 기능은 '무엇을 중요한 것으로 보아야 하는지', '다음번에 비슷한 경우가 생겼을 때 무엇을 명심하면서 어떻게 동일시해야 하는지' 등의 수행적인 의미를 암묵적으로 전달해준다.

말의 이러한 기능을 염두에 둔다면 위 예에서 지식이 전달되는 메커니즘은 시각화된 자료의 활용도, 지식을 전달해주는 말도 아닌 교수자와 학습자 간에 질문과 대답을 주고받는 과정에서 유발된 지각의 구조화 과정이라고 할 수 있다. 교수자의 말 하나 하나는 맥락에의 지표 또는 지각행위에의 지시로 작용해 그 의미는 사용자 사이에서 너무도 자명해서 누구라도 접근 가능(learnable)한 일상의 통용어와 크게 다르지 않다. 어느 누구도 앞서 도형을 있는 그대로의 형상, 즉 객관적으로 볼 리가 만무하며, 교사의 지시에 따라 돌출되어 지각되는 부분만을 선별적으로 구조화해 볼 것이다. 즉, 학습자는 맥락적으로 지각을 이끄는 행위 유도의 상태, 즉 시청각의 맥락 안에서 기대되는 것만을 보고 듣는 것이다.

시각 자료를 통한 전달이 어떻게 상황학습, 즉 실천에 의한 학습 또는 공유인지에 관해서 한 가지 예를 더 들어보겠다. 굿윈(Goodwin, 1994)은 고고학자들이 무에서 유를 어떻게 성립시켜 나가는지 그들의 작업을 미시적으로 분석한 바 있다. 고고학자들은 일반 사람 눈에는 절대 보이기 어렵다는 점에서 '맨땅'에서 뭔가를 발견하여 선사의 유물과 자취를 찾아낸다. 마치 발견자의 프랙티스가 관여될 여지조차 없을 정도로 명명백백 취하는 경우 발견의 과정이지만 그 과정을 보면 그냥 발견이라고 하기가 어려울 정도로 해석과 일 등 전문가들의 실천이 관여되는 작업의 과정이다. 객관적으로 놓여져 있는 사물이나 자취에 대한 발견이지만 전문가의 실천에 의해 재'구성'되는 만큼만 실재화되는 작업이다. 그의 분석은 전문가의 시지각이 실제적인 전략들을 통해 어떻게 대상을 운용가능한 상태로 구성해내는가를 보여준다. 특히 그는 맥락을 공유가능하게 시각화하는 다음과 같은 실제적인 전략들에 관해 주목한다.

첫째, 코딩행위로서, 현상을 지식의 객체로 변환시키는 전략이다.

둘째, 하이라이트하는 행위로서, 특정 측면들만을 부각시킴으로써 상황을 의도하는 현상학적 장으로 전환되도록 하는 전략이다.

셋째, 사물을 표상화시키는 전략인데, 이는 사물을 그 자체로 지식으로 지각하게끔 표상화시켜 다루는 것을 말한다.[2]

이러한 전략들은 사물을 그 자체로 지식으로 지각하게끔 표상화시켜 조작할 수 있게 만드는 실천들이다. 이러한 전략들은 어떤 일을 해나가는 데 있어서 어디서나 흔히 사용되는 방법이다. 그것들은 지식을 자유자재로 부리기 위해 객체화하고 객체화된 대상을 다루는 행위에 대해 작용할 수 있는 조건을 마련해주는 실제적인 전략이라고 이해해도 무방할 것이다. 이러한 전략들이 지식이나 경험을 전달할 수 있도록 해주는 것은 그것이 갖는 시각적 기능이 아닌 수행적 (performative) 기능 때문이다. 위와 같은 점에서 시각자료가 제 기능을 갖게 되는

---

2 이 말은 앞서 인용한 치즈를 수셈의 대상이면서 수셈의 단위로 보면서 조작하는 경우를 떠올려보면 금새 이해할 수 있을 것이다. 마찬가지로 흙을 포함한 작업의 상황은 고고학적 지식화되어 의미를 만들고 공유된다.

것은 사물과 담화적 속성에 기반해 있을 수밖에 없는 맥락적 실천을 통해서다.

미니멀리즘 교수 패러다임은 가능한가

상황학습은 교육이론에서 별로 새삼스러울 것도 없는 생소한 이론이 아니라고 말할 수 있다. 가깝게는 실천기반학습(learning by doing), 반성적 실천(reflective practice)은 말할 나위 없거니와 좀 더 확대해석해보면 조직학습이나 공동체학습, 심지어는 학습생태계나 PBL이나 생애학습 등으로까지 유사한 교육이론이라고 생각할 수 있기 때문이다. 예컨대 쇤(Schön) 등의 액션 사이언스 연구자들은 전문가는 전문적인 지식과 기술을 과학적 방법을 토대로 실제 맥락에 적용하는 사람이 아니라 반성적 실천가, 즉 불확실한 문제 상황을 성찰을 통해 주어진 자원들을 동원하여 해결하는 브리콜리어(bricoleur)라고 보았다. 그리고 이러한 통찰은 맥락기반 프로그램을 통한 전문가 양성 관련 연구와 교육에 반영되어 왔다. 실천지에 관련된 수많은 연구 또한 여기에 해당한다. 혹은 이들 여러 교육이론에 대해 보다 체계적인 인식론을 제공하는 근본적인 교육이론이라고 본다면 그나마 그 평가는 우호적이라 할 수 있다.

만약 그런 평가가 있다고 한다면 상황학습이 기존의 교육이론과 차별성이 없다고 보는 태도는 상황학습을 교육과 학습 설계에 관한 거시적인 모델로 간주해 보는 데에서 비롯된다고 본다. 다시 말하면 '맥락'을 참여자의 맥락적인 관점이 아닌 초월적인 외부자의 관점으로 접근하는 순간 맥락주의 패러다임은 학습에 대해 아무런 새로운 이해와 새로운 설계 가능성을 제시해주지 못한다. 그러한 관점을 취하는 순간 이미 맥락주의 논점은 성립하지 않는다.

이는 마치 행간에 주목해야 하는 컨텍스트 연구가 이야기 플롯을 중심으로 이루어져야 한다는 아이러니와도 같다. 맥락주의 패러다임에서 보면 경험과 학습이 성립되는 포인트는 텍스트에 있지 않고 사태의 전후관계, 즉 컨텍스트에 있다. 우리가 어떤 일을 성취할 수 있는 것은 그 일에 동원되는 지식이 아닌 일의 선후관계 속에서 '다음'을 찾아나가는 '늘 현재'의 맥락적인 추론 때문이다. 그러한 상황은 눈 깜빡할 사이에 지나치는 순간이지만 두툼한 의미(thick description)로 되어 있다는 말이다. 전개도가 어떤 일의 과정을 고스란히 보여줄 것이라고 보는 것은 초월론적인 관점에서 비롯된 생각이다. 참여자적인 관점에서 보면 과정은 현재와 다음이라는 상황의 연속적인 반복이다. 전개도를 찾고자 하는 이들에게 맥락주의 관점은 아무런 새로운 의미도 제시해주지 않는 하찮은 이야깃거리로 여겨질 수 있다.

오랫동안 학습연구에는 컨텍스트 변인들을 텍스트를 얻기 위한 주변적인 요인이라고 간주하고 이를 체계적으로 배제시키고자 하였다. 파블로프 실험실에서 조건적 반사라는 일반화된 원리를 도출해내기 위해 실험을 둘러싼 일상에서 벌어진 것들은 어떻게 맥락적인 변수들로 배제되었는지 상상해 볼 수 있다. 예컨대 종을 울리면 '나오도록 되어 있는' 실험실 개에서 나오는 타액의 양은 실제 연구실의 일상에서는 다양한 예기치 못한 변수로 인해 개의 컨디션, 실험 당시의 맥락 등이 지속적으로 관리될 필요가 있었다.

다음 그림은 파블로프 실험실의 한 장면을 보여준다. 우리가 관찰의 프레임을 어디에 두느냐에 따라 달리 이 장면은 해석될 수 있다. 개의 내부 생리학적 메커니즘에 프레임을 두는 경우 행동의 조건화에 따른 행동의 변화로 볼 수 있다. 한편 개와 그를 둘러싼 기기들 그리고 이러한 기기 장치들을 운영하는 데 관여하는 연구자들을 하나의 프레임으로 보는 순간 우리에게 드러나는 모습은 달라진다. 개가 보여준 행동의 변화, 즉 학습은 조건 반응 습득의 결과라고 파악하기 이전에 실제 맥락에서의 상호작용과 그 프레임 내에서의 반응의 일환이라고 할 수 있다. 개의 맥락적인 반응과 이를 이끌어내고 학습으로 범주화하는 과정 그리고 파블로프 실험실이라는 실천공동체의 관여 이 모든 것들이 행동주의 학습이론이라는 지식을 구성해낸 것이다.

그림 1-2 파블로프 실험실

유기체 내부에서 외부로 관찰 프레임의 이동을 피아제 인지발달이론에도 똑같이 적용해볼 수 있다. 피아제의 보존실험에 동원된 아이는 실험자의 유도된 질문에 맞춰 '적절하게' 반응을 보이기도 하였는데 그것은 연구 가설과는 연관없는 주변적인 맥락 변수로 처리되었다. 행동주의나 인지주의 패러다임에서 보면 조건적 반사 그리고 보존 개념의 획득 여부는 학습을 이해하는 데 중요한 열쇠라고 할 수 있다. 그러나 그 실험실의 일상과 그 안에서의 실천이 그들이 자신들이 해야 할 일들을 어떻게 하고 있는지에 어떻게 작용하고 있는지 또한 학습을 이해하는 데 중요한 열쇠일 수 있다. 맥락주의의 학습에 관한 관심은 당연시된(taken for granted) 맥락들에서부터 출발한다.

상황학습은 말 그대로 상황 상황의 구성, 즉 '지금 여기서'가 어떻게 '다음'(next)을 찾아 구성되는지에 그 주안점이 있는 만큼 교육이론으로서는 미니멀리즘(minimalism) 교수설계의 논리와 모형을 요청한다. 학습은 개념 이해와 같은 사고틀이나 경험이 변화하는 순간이 일어나기 이전의 일상에 분산 편재해 있는 만큼, 일의 흐름 전개도가 아닌 현재와 다음 사이에 벌어지는 경험의 양상이다. 학습 당사자가 경험하는 실제는 구조화된 상황의 반복이다. 예를 들어 PBL을 정보처리 관점에서 제시하는 설계안과 맥락주의 관점에서 제시하는 설계안은 서로 다를 것으로 본다.

또한 실천으로서의 상황학습은 개념지식에 관한 학습 역시 참여의 실천, 즉 몸과 사물을 통한 도구의 상호작용적인 사용을 통해서 이루어진다는 점을 말해 준다. 체화를 위한 학습 디자인은 지식의 구조나 인지과정에 터한 학습 디자인 과는 전혀 다른 접근을 요청한다(예를 들어 Abrahamson, 2009; Kirsh, 2013; Nishizaka, 2006; Pea, 1997을 보라!) 초월론적인 관점의 전개도에 대해 참여자적인 관점의 맥락주의 관점은 분명 그것이 가질 수밖에 없는 실제와의 괴리를 되짚어보게 할 수 있는 이야깃거리를 제공해 줄 것으로 본다. PBL 전개도와 그 전개에서 '당연 시된 것들(taken for granted)' 사이에서의 괴리, 실천기반학습 모형과 그 실천의 과정에서 괴리 등등. 그러한 차이는 앎의 논리에서 처방된 설계도와 삶의 논리로 처방된 설계도의 차이이기도 하다. 물론 실천공동체론에서는 앎의 논리가 아닌 삶의 논리로 처방된 학습의 설계도를 제시한 바 있다. 그러나 맥락주의 학습에 관한 이해와 설계는 학습에 관한 좀 더 풍부한 이야깃거리를 제공해 주기 위해서는 거시적인 조직 단위보다는 미시적인 실천 단위로 구체화될 필요가 있다.

제 2 장

문제해결과 반성적 사고

02

문제해결과 반성적 사고

듀이의 문제해결과 반성적 사고

프래그머티즘에서는... 선험적(antecedent) 현상 대신 경험적(consequent) 현상, 그리고 규범적인 것들(the precedents) 대신 우리의 행위로 인해 파생될 수 있는 가능성들(the possibilities of action)에 관해 해명하고자 한다. (Dewey, 1931: 32-3)

경험론과 합리론은 공히 우리의 실제적인 활동이 탐구의 과정에서 어떠한 역할도 하지 않는다고 주장한다. 이 점은 이상하리만큼 합리론에서 뿐만 아니라 실재론에서 그렇고, 경험론뿐만 아니라 총체성을 주장하는 이론에서도 마찬가지로 나타난다. 그들은 마음은 신비로운 내적 작용에 의해 대상에 관한 지식을 구성한다고 보기 때문에, 그러한 탐구 과정이 외현적으로 드러나 보일 리 없고 '시간의 흐름 속에서 진행되면서 질성(quality)을 취하게 되는' 실제적이면서 관찰가능한 행위가 아닌 것으로 간주해왔다. (Dewey, 1988: 18-9)

듀이(Dewey)의 프래그머티즘은 자신의 생애 동안 전통철학과의 단절을 꾀하고자 한 시도의 소산이다. 그는 경험과 이성, 지식과 행위 등 이른바 정신과 신체라는 데카르트식 이원론적 사고를 지양하고 일원론적 해명을 통해 경험과 행위의 합리성에 관한 논리를 축조하고자 하였다. 듀이는 러셀이나 카르납 등 그와 교류했던 당대 논리학자들과는 전혀 다른 입장, 즉 형식논리에서 벗어나 우리의 사고가 실제적으로 생성되는 과정에 관하여 체계적인 해명을 제시하고자 하였다.

그럼에도 불구하고 경험에 관한 듀이의 논증은 끊임없이 이원론적인 해석을 초래해왔다. 교육이론에서 그러한 오해는 경험의 직접성 그리고 반성적 사고에 관한 해석에서 종종 발견된다. 듀이 교육이론에서 핵심적인 아이디어는 직접 경험을 통한 배움 그리고 반성적 사고를 통한 경험의 확장에 있다고 볼 수 있다. 이러한 아이디어는 직접 경험 대 지식, 반성적 사고 대 직접 경험 등 이원론적인 구도 속에서 교육적 처방의 논리로 활용되어 왔다.

이원론적인 오해의 아이러니는 예컨대 문제해결과정에 관한 듀이의 논증에서 종종 발견된다. 이러한 논증에 따르면 우리의 사고는 항상 문제시되는 상황에 부딪쳤을 때 야기되는 당혹스러움으로부터 시작된다. 이 때 문제시되는 상황의 불확실함(uncertainty)과 불확정성(incompleteness)은 우리의 실제적인 추론에 의한 판단이 가해져서야 비로소 해소되는데, 이 때 행위자는 상황을 하나하나 뜯어 살펴보고 주의를 집중해서 문제를 야기한 원인에 대해 탐색하게 된다. 바로 그러한 과정이 곧 우리의 사유이고, 그러한 사유는 상황의 질성(quality)이 초래한 현상이다.

다시 말해 불확정적인 상황이 확정적인 의미를 부여받기 위해서는 반성적 사고를 통하지 않으면 안된다. 여기서 반성적 사고는 이전의 경험 또는 실천과의 단절, 실천의 변화를 꾀하고자 할 때 일어나는 과정을 말한다. 듀이의 이러한 반성적 사고라는 개념은 초월(transcendence)의 의미로 파악되기도 한다. 여기서 초월 개념은 현상학적 의식의 탈자적 역동성, 즉 직접적으로 소여된 경험을 넘어서서 새로운 인식 수준으로 탈바꿈하는 양태를 가리킨다(김무길, 2005). 우리 외부에 상정해 놓은 작인(作人)으로서의 초월성 대신 우리 내부에의 체험의 흐름 속에서 동인(動因)으로서의 초월성을 상정한 것이다.

한편, 듀이에게 있어서 상황성, 반성적 사고, 직접 경험, 교호과정 등의 의미들은 경험의 직접적인 소여의 속성이 충분히 반영되지 않은 채 여전히 초월론적인 설명에 기대어 개진됨으로써 이원론적인 구도에서 오해되기도 한다(Cunliffe and Easterby-Smith, 2004; Dreyfus & Dreyfus, 2005; Raelin, 2001). 사실 이러한 경향은 듀이 자신의 논증에서도 발견되는데, 경험의 층위를 이원화하여 일원론적인 해명을 하고자 한 흔적들은 그의 저작 어디서나 쉽게 발견된다.

> 일차적 경험은 최소한의 우발적인 사고의 결과로서 체험하게 되는 것이요, 그것은 지적 활동에 의해 통제되지 않고 분석되지 않은 자연적인 소박한 경험이다. 그리고 2차적 경험은 어떤 규칙을 따라 수행된 계속적인 사고와 탐구의 결과로서 이루어지는 것이다. (Dewey, 1938: 223)

일차적이고 직접적인 경험이 질성적 경험을 통해 제 의미를 획득하게 된다는 설명은 실제적 지식에 대하여 과학적, 이론적, 전문적 지식에 우위의 지위를 부여하고자 한 생각과 맞닿아 있다(Yanow & Tsoukas, 2009). 선험적 확실성을 부정하고자 출발되었던 듀이의 논증이 또 우리 내부에 다른 확실성을 보장하는 기제를 상정하고 있는 셈이 된다. 실제적인 행위와 경험은 반성적 사고에 이르러서야 비로소 합리성을 취하게 된다면 왜 듀이는 직접적인 경험 그리고 실제적 행위 자체의 합리성 그리고 내재성에 관해 해명하고자 했을까 돌이켜 보지 않을 수 없다.

듀이의 논증에서의 일원론적인 해명을 위한 이원론적인 논리의 혼재에 관해서는 국내 문헌에서도 종종 지적되어 왔다. 그러한 지적은 특히 반성적 사고를 둘러싼 초월론적 해석과 이와 대비되는 해석 간에 차이를 극명하게 보여준다.

> 사고는 "[반성적] 사고 행위와는 구별되는 그리고 [반성적] 사고 행위 이전에 일차적 경험에서 포착된 무엇, 즉 경험 상황에서 직접적으로 포착된 질성에 의존할 수밖에 없다."(Dewey, 1930: 259; 박철홍, 2011: 95 재인용)

... 반성은 그 완전한 의미가 다음의 사실을 고려할 때에만 옳게 이해될 수 있다. 반성이란 그것이 전제하고 있는 비(非)반성적 기반을 잊지 말아야 한다. 그 토양에서 반성은 성장하며, 단순히 현재화할 수 없는 고유한 과거와 같은 어떤 것이 구성되어진다. (Merleau-Ponty, 1966: 283; 조상식, 2009: 194 재인용)

초월론적인 해석과 비초월론적 해석의 차이는 흔히 듀이의 반성적 사고가 의미하는 바가 행위에 대한 반성적 사고(reflection on action)인지 아니면 행위내 반성적 사고(reflection in action)인지의 차이로 정리되기도 한다. 그러나 이 또한 경험의 층위를 이원론적으로 구분한 것과 마찬가지로 반성적 사고에도 서로 다른 두 층위가 존재한다는 아이러니에서 벗어날 수 없다는 비판으로부터 자유롭지 못하다. 반성적 사고가 대상의 질성을 초월해서가 아니라 그에 기반해 있을 수밖에 없다는 말이 뜻하는 바는 무엇인가? 학습은 이전의 경험을 초월하지만 여전히 현재의 경험에서 벗어나지 않는다는 것을 의미하는가?

이 장에서는 듀이의 반성적 사고에 관한 설명을 보다 일원론적으로 이해하기 위해서 이를 생활세계의 화용론적인 성격 그리고 경험의 직접성에 비추어 이해할 필요가 있다는 점에 관해 짚어보고자 한다. 초월적인 의미로서의 반성적 사고의 발생과 같은 이원론적인 오해는 듀이의 개념들을 충분히 생활세계 내에서의 직접적인 경험의 현상으로 다루지 않음으로 인해 초래된 결과라고 보았기 때문이다.

개인의 머릿속을 볼 것인가, 바깥을 볼 것인가?

반성적 사고와 생활세계

반성적 사고에 관한 듀이의 논증을 초월론적인 논리에 기대어 보는 대신 생활세계 내에서의 경험과 실천의 선상에서 이해해 볼 수 있기 위해서 우선 우리의 경험과 행위가 대상 세계에 대해 어떻게 직접적으로 지향되어 있는가에 관해 생각해볼 필요가 있다. 그리고 이를 이해하기에 앞서 생활세계와 그 화용적 측면에 관해 살펴볼 필요가 있다.

현상학과 프래그머티즘에서 생활세계의 문제에 관한 숙의가 얼마나 공유되었는지 그리고 얼마나 충분히 철학적 논증의 기반이 되었는지의 문제는 차치하고서라도, 생활세계의 존재는 현상학적 탐구에 늘상 뒤따라다니는 문제였다. 왜냐하면 초기 선험적인 현상학적 질문과는 달리 이후로 갈수록 생활세계의 존재는 해명되어야 할 대상일 뿐만 아니라 철학적 논증이 이미 딛고 서 있는 기반임을 잘 알고 있기 때문이다. 하이데거(Heidegger, 1978)의 표현을 빌어 말하자면, 대상 세계는 우리가 그와 동떨어져서 우리의 주의가 지향하고 있는 대상이기 이전에 우리의 존재가 기투된 시공간(being-in-the-world)이기 때문이다.

반성적 사고를 철학자의 공상 무대에서 벌어진 현상이 아니라 실제 생활세계에서 벌어진 일로 보기 위해서 생활세계와 그의 화용론적인 성격에 관해 생각해 볼 필요가 있다. 본고에서 말하고자 하는 생활세계란 슈츠(Schütz)에 따른 정의, 즉 "온전히 깬 의식을 가진 성인이 자신의 동료들과 함께 그 속에서 그리고 거기에 대해서 어떤 행위를 하는 세계, 이와 동시에 자연적 태도(natural attitude)를 통해서 하나의 현실로 경험하는 세계"(Schutz, 1962: 208)다. 슈츠에 따르면 이러한 일상적 생활세계는 상식의 세계이기도 하면서 여러 현실 가운데 최고의 현실이기도 하다. 이러한 최고의 현실(paramount reality), 즉 행위 당사자에게 그 어느 현실보다도 더 가장 생생한 현실은 우리가 현실에 대해서 취하는 당연시하는 태도(natural attitude)와 더불어 형성된다.

슈츠에 따르면, 나와 타자 사이에 간주관성이 현실적으로 성립가능한 것은 이러한 태도, 즉 나의 경험이 타자의 경험과 동일할 것이라고 당연시하는 암묵적인 믿음 때문이다. 이러한 신념을 바탕으로 생활세계에는 소위 상식적 지식(commonsense knowledge)이 이미 존재하고 있다. 상식적 지식은 나의 의미와 다른 사람들의 의미 사이에는 교류가 이루어지고 있으며, 현실에 대한 공통된 의미를 공유하고 있다는 사실을 알고 있다는 전제에 입각해 있다. 자연스러운 태도는 많은 사람들에게 공통된 세계가 존재한다고 믿는 신념을 전제로 이루어진 것이기 때문에 상식적 의식의 태도라고 할 수 있다. 상식은 사적인 세계에서 형성되는 지식이 아니라 상호주관적인 세계 안에서 그것에 관하여 형성되는 지식이다. 상식적 지식이 운용되는 한 우리의 어떠한 경험도 일차적, 이차적 경험으로 구분하기 어렵다. 비트겐슈타인(Wittgenstein, 1958)의 지적대로, 어떠한 경험도 그것이 의미를 갖는 한 공적일 수밖에 없으며 원초적이고 사적일 수 없기 때문이다.

한편, 이러한 상식적인 생활세계의 존재 가능성을 두고 보면 주체가 교호함으로써 의미를 생성해내는 대상 세계는 우리와 외연적으로 관계 맺는 객체가 아니라 내재적으로 엮여 있는 시공간을 가리킨다. 생활세계가 우리 사고의 대상이 아닌 우리 행위가 펼쳐지고 가해지는 시공간이라는 점으로 인하여, 생활세계는 주관적 해석이라는 의미론적인 측면과 사회적 행위라는 화용론적인, 프래그마틱한 측면으로 구성된다고 할 수 있다(Eberle, 2012; Emirbayer & Maynard, 2011; Srubar, 2005). 의미론적 관점에서는 상황 또는 세계란 개인들이 구성하는 의미의 상황이자 해석틀이다. 반면 화용론적 관점에서 상황 또는 세계란 실제 공간과 시간의 엮음새와 그로 인해 비롯된 양태다. 물론 그러한 시공간의 엮임은 내가 타자와 함께 구성한 결과물이기도 하고 나의 행위에 가해지는 조건이기도 하다. 이러한 상황은 항상 비매개적이고 즉각적인 지각 행위의 대상이다.

'무엇을'의 측면은 의미론적 해명의 대상이라면, '어떻게'의 측면은 화용론적인 물음의 주제라고 할 수 있다. 실제 우리가 살아가고 있는 세계는 이 두 측면이 불가분의 관계로 결코 구분될 수 있는 것이 아닌 총체적인 세계이지만 그것을 파악하고자 하는 논리들은 어느 한 쪽만을 좀 더 부각시키는 입장을 취해 왔다. 현상학적인 용어로 표현하자면, 생활세계에는 노에틱한(noetic) 측면도 있지만 노에마틱한(noematic) 차원이 함께 병존한다. 다시 말해, 세상사에는 '무엇을'(whatness)의 측면도 있지만 '어떻게 그것이 그것다움을 취하게 되는지'(how it is)의 측면도 존재한다.

의미론적인 접근에서는 사람들이 어떤 일 혹은 상황에 대해 가지고 있는 주관적 의미를 그리고 후자는 간주관적 행위를 생활세계를 구성하는 더 근원적인 부분이라고 보았다. 사람들은 한편으로는 세계에 대해 자신이 부여한 의미 안에서 보고 듣고 경험하고 살고 있지만, 또 다른 한편으로는 실천하는 가운데 전개되는 실제 상황 속에서도 살고 있기 때문이다. 물론 이러한 구분은 인위적인 구분일 뿐 실제 세계는 의미와 행위가 서로 단절된 채 작동하는 세계가 아니다. 이 두 세계는 논리적인 분석에 있어서 연구자가 주목하고자 하는 초점이 어디에 더 있는가에 따라 구분될 뿐이다.

안의 사유와 바깥의 사유

한편, 생활세계의 화용론적인 측면을 보고자 하는 관심은 대상 세계의 안을 들여다 보는 대신 그 바깥을 사유하고자 하는 태도로 충족될 수 있다. 바깥의 사유, 그것은 동일한 구조, 원리, 본성 등을 전제로 하여 경험적 사태를 선험적으로 환원하여 보고자 하는 경향을 질타하는 깨우침을 말한다(이진경, 2002). 언어나 기호의 내적 구조를 상정하는 대신 언어의 맥락적 용법이 곧 그 언어의 속성이라고 보는 화용론적인 관점이 바깥의 사유에 해당한다. 바깥의 사유는 사태를 사태 그 자체로 보려는 태도에서 나오며, 경험에 앞서 상정된 실체로의 어떠한 환원도 거부한다는 의미에서 내재적(immanent) 사유라고 볼 수 있다.

예컨대, 이미 습득된 지식이나 그(녀)의 마음, 이전의 경험 등이 맥락적 맥락과는 상관없이 그 자체의 내적 구조를 가지고 그 자신을 실현하는 것으로 보는 것을 가리켜 환원주의 논리에 해당한다고 볼 수 있다. 물론 이미 습득된 지식이나 그(녀)의 마음, 이전의 경험 등은 지금 여기서 그가 경험하고 있는 일들에 영향을 미친다. 그러나 지금 여기서 일어나는 일들이 그것들에 의해 결정되는 것은 아니다. 다만 그것들의 존재는 지금 여기에서 벌어지는 일로 인해 지속적으로 확인(identifying)되는 것일 뿐 그 동일성에 관해서는 장담할 수 없다. 왜냐하면 맥락적 맥락에 따라 그의 마음도 그의 축적된 지식도 그 양태와 의미는 변화무쌍하게 펼쳐지기 때문이다. 이렇게 초월적인 구조가 아닌 맥락적 용법을 보고자 하는 태도를 가리켜 바깥의 사유라고 할 수 있으며, 생활세계 내에서의 '생동적인' 경험은 이러한 태도를 통해 비로소 파악할 수 있다. 여기서 생동적이라 함은 시간의 경과에 따라 질성을 갖게 되는 우리 경험의 활성적이고 역동적인 측면을 뜻한다.

바깥의 사유의 관점에서 보면, 초월론적인 시각은 생활세계가 존립하기 위해 없어선 안 될 상호주관적이며 사회적인 속성을 충분히 고려하지 않는다. 초월론적인 관점에서는 주체와 대상 세계의 직접적인 교호작용에 주목한 나머지 타자와 공유된 생활세계를 개인의 사적 의미의 영역 또는 체험의 영역, 특히 우리의 인지나 사고의 부산물이라고 간주하는 경향이 있다. 이러한 경향은 현상학에 기초한 질적 연구에서 보다 분명히 나타난다. 예컨대 초월론적인 관점에서 상정되는 반성적 사고자는 철학자에 의해 꾸며진 무대에서 객체 또는 상황을 직접 대면하는 실존적 고독자 개인이다.

한편, 생활세계는 우리 지각과 행위가 지향하는 대상 세계 이전에 나를 둘러싼 의미있는 타자들과 공존하는 세계다. 대상 세계가 나에게 의미있는 것으로 경험되는 것은 타자들과 긴밀히 얽혀 있음으로서 비롯된다. 나아가 타자들 또한 우리가 교호작용하게 되는 대상 세계의 일부이다. 우리가 경험하고 실천하는 많은 일들은 상호주관성을 전제로 해서 성립된 것이다. 아니 그것들은 '실제 어떤 일을 하는 가운데 상황 안에서' 일어난다. 우리 경험한 바는 진공 상태에서 대상과의 교호작용의 결과가 아니라 지각과 정서를 공유하는 집단, 의미있는 타자(군)(significant others), 실천공동체(communities of practice)와 연관된 상황 하에서 대상과의 교호작용의 소산이다. 한 개인이 대상세계에 관한 지식을 터득한다는 질문을 두고, 윈치(Winch)의 표현대로 기계공이 기계 자체를 다루는 것을 배운 것인가 아니면 그의 동료가 그 기계를 다루는 법을 공유한 것인가의 비유에 빗대어 정리해 볼 수 있다.

> 만약 사회과학자를 기사에 비유하고자 한다면, 기계를 조작하는 방식을 연구하는 견습공에 비유하는 것이 더 나을 것이다. 그가 사회적 현상을 이해하는 것은 기사 자신이 기계의 시스템을 이해하는 것보다는 기사가 자신의 동료들의 행위를 이해하는 것과 더욱 유사하다. (Winch, 김기현 역, 1988: 97)

우리 경험은 상황과의 상호작용에서 비롯되는 직접 경험이다!

반성적 사고를 초월적 경험이 아닌 생활세계에서의 우리 행위의 일환으로 일어나는 경험으로 이해하기 위해서 듀이의 직접 경험에 관한 논증에 관해 되짚어 볼 필요가 있다. 듀이의 철학은 경험에 관한 철학이라고 할 만큼 그는 경험의 직접성에 관해 역설해왔다. 그만큼 직접적인 경험에 관한 논증은 그의 철학에서 지대한 비중을 차지하고 있다. 그러나 교육이론에서는 직접적인 경험의 문제를 흔히 현상에 대한 논증이 아닌 교육적 당위성으로 간주해옴으로써 모종의 아이러니를 초래해왔다. 그러한 아이러니는 일원론적인 기대에 대한 이원론적인 답변, 즉 직접 경험과 반성적 사고를 통해 걸러진 경험이라는 이원론적인 논리에서 종종 발견된다. 이러한 아이러니를 피하기 위해서는 질문을 직접 경험이 그 자체로 어떻게 지적인 속성을 갖게 되는지, 즉 직접 경험이 어떻게 내재적 합리성을 성취할 수 있는지에 관한 것으로 바꾸어 추구해볼 필요가 있다.

직접 경험에 관한 논증에 따르면, 상황과의 상호작용에서 비롯되는 경험은 비매개화된 지각과 실제적인 행위의 소산이다. 이 때 상호작용은 직접적인 경험과 행위로 전개되는 만큼 그것은 비매개화된 지각과 실천적, 실제적 행위 그리고 정서의 양태로 표출된다. 여기서 비매개화된 지각과 실천적 행위라 함은 객체를 향하는 우리의 지각이 이론적인 지식이나 표상에 의해 매개되지 않고 즉각적으로 이루어진다는 것을 뜻한다.

객체와의 상호작용이 즉각적인 행위의 양태를 띤다고 함은 어느 경우에도 우리의 기획과 행위는 결코 이론적이지 않고 실제적, 즉 상황과의 교호작용의 산물이라는 것을 뜻한다. 여기서 이론적이지 않다는 것은 상황과 행위를 초월한 반성적 사고가 개입할 틈이 없다는 것을 의미한다. 여기서 우리 행위가 이론적이지 않다는 것은 우리가 행위를 취하는 매 순간 사전 계획적이 아니라는 것을 의미한다. 예컨대 문제 상황에 봉착했을 때 우리는 일단 어떤 조치를 취하고 그 결과로 비롯되는 상황을 봐서 다음의 행위를 선택하고 결정해야 한다는 것을 뜻한다. 물론 이러한 행위의 과정은 분절된 절차에 따라서 일어나지 않고 동시에 그리고 순식간에 일어난다. 일상적 실천은 항상 어떤 습속이나 전통에 따른다. 습속이나 전통으로 인해 우리는 매번 맞닥뜨리는 상황이나 객체에 대해서 새롭게 규정하고 기획할 필요 없이 안정된 방식으로 그들을 처리할 수 있다.

우리의 반성적 사고가 질성적 가치를 성취하는 까닭은 맥락적 행위와 지각을 초월해서가 아니라 어떠한 경우에도 대상 세계 또는 상황의 질성을 향해 열려 있기 때문이다. 현상학적으로 말하자면 우리의 지각과 행위는 대상 지향적 속성에서 벗어나는 법이 없다. 다소 거칠게 표현하자면 실제로 전유(appropria-tion)된 지식은 우리가 '보고 듣고 말을 건네고 실제적인 행위를 가하는' 대상으로부터의 힘으로 작용한다. 어떠한 고차원적인 지식 내지는 기술이라도 그것이 행위자에게 터득되고 나면 일상의 행위나 지각의 대상으로 변모하게 되고, 그 지식이 활용되는 상황과 따로 떼어놓고 생각할 수 없는 실제적인 행위의 대상이 된다.

일단 섭렵된 이론적 지식은 더 이상 우리를 옭아매는 틀로 작용하는 대신 대상의 질성을 향해 더욱 유연하고 열린 태도를 취하도록 만든다. 이론적 지식은 주어진 명제군 안에서 그 의미가 확정적인 반면 상황 또는 대상은 그 의미가 근원적으로 불확정적이다. 현상학적인 표현을 빌어 말하자면 사태는 우리에게 상황에 따른 선택과 결정 그리고 사후 수정(ad hoc) 등 부가적인 조치의 여지를 남긴다. 실제 상황을 대면해야 하는 문제는 사실상 완결될 수 없는 무한정한 과제이다. 이론이나 매뉴얼 또는 교과서적인 지식을 실제 상황에 적용하고자 했을 때 느끼는 난감함은 상황의 불확정적인 속성에서 비롯된다. 지식의 적용으로 해결하는 구조화된 문제는 해결의 의미를 갖지만 대부분의 일상적인 일 가운데에서 봉착되는 비구조화된 문제들은 해결의 의미보다는 처리와 해소의 의미가 더욱 짙게 드리워져 있는 것 또한 바로 상황의 불확정한 속성으로 인해서다.

우리 이해의 지평은 닥친 상황의 테두리, 그 일에 대한 시야 혹은 지평, 구조, 시간의 경과로 인해 예견되는 전모를 향해 열려 있다. 사실상 그 의미를 확정짓는 것은 우리의 실제적인 선택과 결정 그리고 이에 따른 실제적인 '행위 가함'에 의해서다. 눈앞에 펼쳐진 상황 내 모든 풍경들은 그 연관성을 탐색할 수 있는 정황적 단서로 구조화되어 있다. 그러나 우리의 행위는 항상 '지금 여기서' 라는 실존적인 맥락적 조건에서 벗어날 수 없다. 바로 이 점으로 인해 이론적인 사고, 즉 규칙을 정확히 예견하고 적용하는 사고에서와는 달리 상황과의 교호작용 그리고 맥락적인 사고에서는 변용과 변주 그리고 조율이 뒤따르지 않을 수 없다. 듀이에 따르면, 우리가 "창발적인 문제해결력을 보일 수 있는 것은 불변의 원리에 대한 추상적인 지식 때문이 아니라 상황에 대한 가능성을 가늠하고 그에 따라 행위할 수 있는" 역량 때문이다(Dewey, 1988 [1929]: 169-70).

맥락적 동기와 기대감

'내가 무엇무엇을 할 수 있음'의 전제조건이라고 할 수 있는 '반복할 수 있음'은 지적인 능력뿐만 아니라 믿음과 같은 정서를 함축하고 있다. 그리고 내가 무엇을 한다면 그 결과 어떠어떠한 상황이 도래될 것이라는 기대는 내가 보는 것이 결국 타자가 보는 것과 동일할 것이라는 믿음을 기반으로 하여 성립한다. 이점에서 상황에의 직접 대면으로 인해 관여되는 우리의 정서는 다른 말로 하면 기대감이라 할 수 있다. 우리의 행위를 구조화하고 지속가능하게 하는 원천은 내면의 심리적 동기나 사회적 목표라기보다는 맥락적 동기, 즉 기대감과 같은 정서에 가깝다고 할 수 있다.

기대감은 현실적으로 가능할 법한 해결책이 구체화되는 과정에서 비롯된다. 기대감은 무엇을 하는 '동안에'(in time) 그리고 동시에 단번에(at the same time) 일의 전후 관계를 살피며 변화해가면서 우리의 행위를 지속시키는 원천으로 작용한다. 사람들은 어떤 일이 일어났는지, 그리고 어떤 일이 벌어지고 있고 다음에는 어떻게 전개해 나갈지 기대하면서 창발적으로 그 일에 임한다. 기대감이야말로 우리 행위에 총체성을 부여하는 구조화의 원천이다(Lave, 1988: 185).

여기서 총체성이라 함은 어떤 일의 전모, 즉 테두리, 보다 현상학적인 표현으로는 이해의 지평을 의미하는 것으로 이해해볼 수 있다. 우리가 어떤 일에 관여할 때에는 항상 그 일을 둘러싼 전모에 대한 센스를 가지고 그 일에 임한다. 그 일과 관련된 배경적 이해로서의 이전의 경험, 이 일을 함으로 인해 예견되는 상태 등은 그 일을 둘러싸고 총체성을 이룬다. 슈퍼마켓에서 장을 보는 동안 물건을 선택하고 결정하는 데에는 오늘 저녁에 준비할 식사에 대한 기대가 작용한다. 실험을 하는 동안 학생들은 교사의 설명에서든 교과서에 나온 정보에 의해서든 이미 알려진 결과에 대한 기대 안에서 다음 행위의 길을 찾아 나간다. 기대감은 외재적 목표, 그것은 행위자에게 반영되어 작용하는 만큼 인지적 표상이기도 한데, 그것은 외재적 목표와는 달리 고정되어 있지도 미리 주어져 있지도 않고 상황의 전개에 따라 늘 유동적이고 가변적이다.

기대감은 다음번 행위, 다음번 경험, 다음번 상황 등이 일어나게 될 맥락으로 작용하는 등 맥락화되어 형성되는 만큼 그 속성상 항상 맥락적이다. 이전에 일어난 일에 대한 경험은 그에 상응하는 기대감을 조성하면서 다음에 일어난 사태를 이해하고 판단하는 데 맥락적 준거가 된다. 저녁에 얻게 된 먹이의 수는 아침에 얻은 먹이의 수에 비추어 그 만족 수준이 결정될 것이라는 조삼모사의 속담도 맥락적 준거로서 작용하는 기대감의 이러한 의미를 잘 보여준다.

우리가 겪게 되는 매 상황은 그 주어진 상황의 한정성을 넘어서서 무한정적인 총체성과 맞닿아 있다. 상황이 항상 의미의 불확정성으로 말미암아 초래되는 애매함으로 경험될 수 있는 것은 바로 이런 연유에서다. 총체성은 일을 해나가는 데 있어서 단번에 지각되는 반면 그 총체성의 불확정성으로 인해 '그 다음에' 초래될 사태는 우리로 하여금 끊임없이 이전의 상태에 대해 수정 보완해 나가도록 요청한다.

우리의 기대감에 작용하는 시간성은 지향의 의식에 의한 매개 없이 드러나는 시간 그 자체이면서 항상 의식에 앞서 선행하여 우리에게 경험된다. 상황에의 직접 대면성으로 인해 이러한 우리의 행위는 어떠한 경우에 있어서도 '내게 축적된 지식'에 의해 이끌려지지 않는다. 마찬가지로 다음 상황에서 일어날 것이라고 예단되는 일에 대한 기대감(expectation) 역시 이러한 지식에 의해 매개된 의식의 흐름이 반영된 결과라고 할 수 없다.

하이데거(Heidegger, 1978)는 '거기 있음'으로서의 존재의 기투성(Da-sein)에 관해 역설하였다. 그에 따르면, 현존재의 현재 양태는 언제나 현존재가 처한 상황을 지향한다. 그리고 상황은 우리에게 '무엇을 하기 위한' 도구와 그 도구들의 집합체, 즉 도구 전체성으로 작용한다. 우리의 주위를 형성하고 있는 도구들은 우리가 어떤 일을 공모하고자 했을 때 서로 연관성을 가지며 총체성을 이루고 있기 때문에 집합체로서의 양태를 띤다. 다시 말해 우리 주위를 형성하고 있는 상황성은 이러한 도구 전체성으로 이해할 수 있다. 상황의 도구성은 '무엇을 바탕으로 하여 무엇을 하기 위한' 시간을 통해 구조화됨으로써 실현된다. 이러한 점에서 시간성은 상황의 전후를 뒤돌아보고 기대하는 양태의 의미를 담고 있다.

'거기'에 처한 현존재는 의식 안에 머무르지 않고 세계 안에 직접적으로 노정되어 있기 때문에 우리가 경험하는 시간은 의식적인 시간성이 아니라 실존론적인 시간성이다. 하이데거에 따르면 이러한 실존론적인 시간성은 현상학에서 통상적으로 말하는 의식의 흐름으로서의 시간성보다 더 근원적이다. 상황 내 요소들이 바로 그 일을 함에 있어서 어떻게 연관성을 이루는지를 파악해 감, 즉 다음 상황에 대해 지각되는 기대에 따른 선택과 결정 그리고 행함에는 다음 상황의 매번 낯섦으로 인해 지속적인 맥락적 추론과 실제적 행위가 요구된다. 행위 내 반성적 사고는 외현적으로 보면 매우 순간적으로 일어나는 시간처럼 보이지만 실지로는 일의 과정 내내 긴 시간의 흐름 안에 생동한다.

우리는 실용적 목적에 따라 나를 둘러싼 맥락적 맥락에 나의 인식을 분산시켜 하나의 통일된 결과를 지향하는 방향으로 눈앞에 닥친 상황을 조율하고 운용해 나간다. 상황조율의 과정은 행위 내 반성적 사고가 구체화된 결과로 초래된 현상이라고 할 수 있다. 바로 이 점에서 행위자와 상황 간의 상호작용은 맥락적 행위의 시간의 흐름에 따른 구조화 과정(temporal structuration)이라고 볼 수 있다.

반성적 사고는 관찰가능한가?

이 장에서는 반성적 사고에 대한 듀이의 논증을 주체의 초월 현상이 아닌 주체 객체 간 교호작용에서 비롯되는 생활세계의 현상으로서 되짚어 보고자 하였다. 이를 위해 듀이의 논증에서 간과된 부분, 즉 생활세계의 화용적 측면에 관해 살펴보았다. 한 세기가 넘은 오랜 철학이론을 본고에서 새삼스럽게 헤집어 보고자 한 것은 그것이 과거의 해묵은 추상적 담론으로 남아 있지 않는다는 문제의식에서다.

상황의 질성에 대한 직접 경험 또는 그와의 교호작용이 우리의 사고나 행위가 합리성을 부여받는 데 근원적인 기제로 작용한다면 초월론적인 해석은 마땅히 재고되어야 한다. 인식 주관에 치우친 해석과 초월론적인 관점은 진행형으로서의 사태의 구성성을 포착하지 못하고 후향적으로 파악하도록 할 가능성이 많다. 앞서 인용한 듀이의 지적대로, 시간적으로 전개되는 상황의 질성과 우리의 실천적인 탐구는 오직 시간의 흐름 안에서만 생동하기 때문에 후향적인 태도로는 파악하기 어렵다. 물론 행위에 대한 반성적 사고(reflection on action) 또한 우리 일상에서 편재되어 일어난다. 다만 본고에서 의도하는 바는 행위에 대한 반성적 사고 개념에 가려져 간과해온 행위내 반성적 사고(reflection in action)가 보다 근원적일 수 있다는 점을 보여주는 것이다. 다만 여기서 의도하는 바는 행위에 대한 반성적 사고 개념에 가려져 간과해온 행위내 반성적 사고(reflection in action)가 보다 근원적일 수 있다는 점을 보여준다.

그리고 여기에는 우리의 태도 전환이 요구된다. 이러한 태도 전환은 사실 연구방법론의 문제이기도 하다. 소위 질성에 대한 탐구로서 질적연구방법론에서는 당사자의 직접 경험에 대한 접근 방법으로서 참여의 양상(mode of participation)을 통해 현장 상황의 생성적 질서를 면밀히 탐구하는 방법에 관해 추구해왔다. 위에서 언급한 상황 서술의 사례들은 전형적인 탐구 상황에서 주체와 객체가 서로 분리되지 않은 상황에 터한 행위와 추론의 단면을 보여준다. 어떤 확실성에도 매개되지 않은 직접 경험이 상황으로부터 그리고 상황 안에서 행위내 반성적 사고를 통해 어떻게 합리성과 질성을 부여받게 되는지 실례를 통해 보여주고자 하였다.

듀이는 일찍이 교육영역에서 남긴 큰 공헌에도 불구하고 현실적으로는 쏜다이크(Thorndike, E.)나 타일러(Tyler, R.) 등 당대 측정심리학주의자들에 밀려 그리 큰 빛을 보지 못했다(Lagemann, 2001). 그러나 한 세기가 지난 오늘날 듀이의 논증을 다시금 조명하고자 하는 연구들은 지속적으로 출간되었을 뿐만 아니라 정초주의에 대한 반론이 결코 생소하지는 않다. 나아가 국내 교육학 연구에서는 활발히 다루어지고 있지 않지만 교육이론 안팎에서의 맥락주의(situationalism) 패러다임 연구들을 보면, 그러한 해명은 더 이상 필요없을 만큼 듀이의 철학적 논증은 돌고 돌아 우리의 생활세계를 풍부히 설명해주는 수많은 경험 연구들이 나오게 된 밑거름이 되었다(Lave, 1988; Nicolini, 2012; Schatzki, 2001; Yanow & Tsoukas,

2009).

이들 경험 연구들이 생활세계의 실제 사태로서의 실천이나 일, 학습 등에 대하여 풍부한 이해와 설명을 제공할 수 있었던 것은 더 이상 안의 사유에 머물지 않고 바깥의 사유, 즉 생활세계에 대한 세심한 기술(thick descriptions)에로 관심을 전환할 수 있었기 때문이다. 다시 말해 질성과 반성적 사고에 관한 탐구는 추상적 개념어에 기초한 해명보다는 생활세계에 대한 자연어에 기초한 이해, 즉 생활세계에서의 탐구로서의 질적 연구로 접근할 수 있다는 가능성을 보여준다. 이에 터한 질적인 탐구는 행위내 반성적 사고 더 나아가 학습이나 문제해결의 현상이 생활세계로부터 초월된 특별한 사태로서가 아니라 어떻게 생활세계에 편재된 일상적인 사태로 일어나는지 검토할 수 있는 방법을 제시해 줄 것이다.

제 3 장

전문가의 프랙티스와
맥락적 문제해결

03

전문가의 프랙티스와
맥락적 문제해결

의사의 전문성과 문제해결과정

전문성과 일상적 상호작용

일반적으로 의사 입장에서 봉착하는 문제는 환자의 증상을 어떻게 파악하고 어떻게 진단과 처방을 내리는가에 있다. 의사 입장에서는 어떠한 돌발 변수도 처리 가능한 안정적인 진단과 처방의 환경이 필요하다. 여기에는 진단과 처방 시 의사의 권위에 대한 어떠한 도전 없이 자신의 견해에 따라 환자를 진료할 수 있는 상황적 의미도 포함한다. 만약 권위에 도전 받게 되면 의사 입장에서는 자신이 갖고 있는 틀 안에서 적절히 문진과 처방을 내릴 수 없기 때문이다.

의사의 전문성과 관련하여 예상치 못한 상황을 관리하는 실제적인 노하우는 의료 상황에서의 상호작용 방식에 관한 연구들로 나타나고 있다. 그 가운데 전문가 우위이론(professional dominance theory)에서는 발언권에 대한 파워를 행사함으로써 양측 간의 불균형(asymmetry)을 유지하고 따라서 그러한 불균형의 관계를 유지함으로써 한쪽이 다른 한쪽의 의사결정에 따르게 되어 의료 상황을 유지할 수 있다고 보았다(Ten Have, 1995). 예컨대 질문과 대답으로 이루어진 의사와 환자 상호작용에서 질문의 권한은 대개의 경우 의사 쪽에 훨씬 많이 치우쳐져 있다. 역으로 환자 입장에서의 문제는 자신의 증상을 전문가로 하여금 알아 볼 수 있도록 표현해내는 데 있다. 환자에게는 일상의 통상적인 역량이 요구된다. 뿐만 아니라, 그러한 상호작용을 위한 적절한 근거를 필요로 한다. 예컨대, 의사와 환자의 상호작용에서 환자는 자신들이 겪는 증상을 자신의 생활세계에서의 주관적 경험은 가능한 배제시킨 채 생의학적 근거에 의해 판단될 수 있는 의료적 조건들로 보여주어야 하는 문제가 있다.

다음에서는 의사와 환자의 세 가지 진료 상황을 통하여 전문가의 문제해결 과정이 맥락적으로 어떻게 전개되는지를 보여주고자 한다. 이러한 전문가의 문제해결에서의 맥락성은 전문성이 개인의 내면화된 지식을 기반으로 발휘될 것이라는 통념에 대한 회의적인 관점에서 시작한다. 지금까지 전문성에 대한 이해는 사실상 그들이 내면화된 지식과 기술을 발휘할 수 있도록 해주는 기반으로서 일상, 다시 말해서 생활세계의 질서에 대한 중요성은 간과된 측면이 있다. 사실상 그들의 전문적 지식도 이러한 일상성을 기반으로 이루어질 수밖에 없다는 필연적 속성을 여기에서는 그들의 문제해결과정을 면밀히 관찰함으로써 드러내고자 한다. 이를 통하여 문제해결과정의 주변적이고 부차적인 요인으로 간과되었던 맥락적 속성을 드러내어 문제해결과정에 대한 총체적인 이해를 꾀하고 전문성 습득의 메커니즘에 대해 재고찰하고자 한다. 이하에서는 세 가지 상황을 우선 제시하고 이를 각각의 하위 분석 주제에 따라 통합적으로 논의할 것이다.

군의관과 의무병, 환자 병사의 유선진료 상황

의무병(이하 A) : 충성 일병 윤수권입니다. 열나는 환자가 있어서 전화드렸습니다.
군의관(이하 D): 열나는 거 말고 다른 증상은 없대?
A   : 잠시만 기다리십시오. 물어보겠습니다…. 머리 아프고 어지럽고 속 울렁거린다고 합니다.
D   : 오늘 밖에서 오래 작업하고 그랬나?
A   : 물어보겠습니다…. 작업 안했다고 합니다.

D   : 기침이나 가래 같은 증상은 없대?

A   : 물어보겠습니다…. 그런 증상은 없답니다.

D   : 열이 몇도지?

A   : 39.8도입니다.

D   : 의식이 떨어지거나 뒷목이 땡기거나 그런 건 없대?

A   : 잠시만 기다리십시오. 물어보겠습니다. 의식은 괜찮고 뒷목은 조금 땡긴다고 합니다.

D   : 그러면 일단 입실 시키고 수액 하나 달고 빠른 속도로 주고 트롤락이랑 타라신 사이드로 주고 4시간마다 열 좀 재봐.

A   : 수액은 뭐로 하면 되겠습니까?

D   : 노말셀라인이나 5디나 상관없다.

A   : 죄송하지만 트롤락이 다 떨어졌습니다.

D   : 그럼 디클로페낙은 있나?

A   : 네, 디클로페낙 있습니다.

D   : 그럼 그걸로 주고 IV 말고 IM으로 줘야된다. 그리고 주고 난 뒤에 혈압 한 번 재보고

A   : 네, 알겠습니다.

D   : 아! 그리고 혹시 모르니까 세프트리악손 있지?

A   : 네, 있습니다.

D   : 그거 2g을 8시간마다 IV로 줘라. 그거 한 번에 그냥 주는 게 아니고 100cc짜리 작은 셀라인에 섞어서 천천히 줘야 된다. 그리고 주기 전에 스킨 테스트하고.

A   : 네, 알겠습니다. 수고하십시오. 충성.

군의관과 환자 병사 간의 촉진 상황

군의관(이하 D)   : 추가 돼?(다시 우측 배를 누르며) 이렇게 누르면 아파?

환자 병사(이하 P): 네.

D   : (눌렀던 손을 떼며) 뗄 때는?

P   : 아픕니다.

D   : 뗄 때 아프고?(왼쪽 배와 우측 배를 누르며) 이쪽 누를 때와 이쪽 누를 때 어때?

P   : (우측 배를 가리키며) 이쪽이 더 아픕니다.

D	: (왼쪽 배와 우측 배를 가리키며) 가만히 있을 때는 여기랑 여기랑 비슷해?
P	: 네.
D	: 비슷하고···. (위쪽 배를 만지며) 이쪽은 다 괜찮고?
P	: 네.
D	: (가운데 배를 누르며) 가운데는 어떠니?
P	: 가운데는 오른쪽보다는 덜한데 아프긴 아픕니다 (우측 배를 가리키며) 이쪽이 통증이 젤 심하고···.
D	: 그러니까 눌렀을 때 여기가 젤 심하다?
P	: 네.
D	: 아···. (환자에게 옆으로 누우라고 하며) 저쪽 보고 누워볼래?
P	: (환자 돌아 눕는다.)
D	: (환자의 우측 아랫배를 눌렀다가 뗐다가 한다.)
P	: 아픕니다.
D	: 이렇게 하면 아프니?(왼쪽 아랫배를 누르며) 여기는?
P	: 괜찮습니다.
D	: 괜찮고···. 잠깐 일어나볼까?
의무병(이하 A)	: 일어나세요.
D	: 어제 어느··· 밤 늦게부터 아픈거니?
P	: 음··· 여덟시부터··· 오랜만에 운동해서 그런지··· 그때부터 아예 아랫배에 힘을 못주겠습니다.
D	: 그러니까 통증이 지금 없어지지 않고 쭉 간다는거지? 심해지지는 않더라도?
P	: 네.
D	: 아··· 변은 평소에 잘 봤고?
P	: 네.
D	: 일단 지금 생각에는··· 음··· 가능성이 세 가지가 있는데··· 첫 번째는 일단 맹장, 맹장염. 두 번째는 게실염··· 게실염이라는 건 뭐냐면 대장벽이,
P	: 똥이 차가지고···.
D	: 어 염증이 생겨서 생길 수가 있고 그 다음에 세 번째는 그냥 장염. 근데 일반적인 장염이라고 하면은... 물론 이제 지금

하루가 채 안됐기 때문에 증상들이 다 안 나와서 그럴 수 있거든? 그러니까 그말은 복통은 있지만 설사나 토하는 게 뒤늦게 나타날 수도 있어…. 그렇게 되면은 그게 젤 나은 경운데. 근데 첫 번째 같은 경우 맹장염인 경우는 수술을 해야 된단 말이야 치료가. 근데 자명한 맹장 증상은 아니야…. 그냥 의심을 해볼 수는 있는 정도는 되지만 맹장인거 같다고 하기는 증상이 조금 그렇거든? 그래서 지금같은 경우에는 아직 하루가 채 안됐기 때문에 우선은 경과를 조금 지켜봐야 될 거 같고 진통제나 이런 거는 처방할 수 없어. 왜냐면은 약을 먹거나 해서 증상이 좋아지면 이게 만약 맹장인데 증상이 심해지는게 가려질 수 있다고… 약을 먹으면… 그래서 맹장이 맞으면 하루 이틀 안에 더 심해지거나 문제가 생길 거고… 문제가 생긴다기보다는 증상이 더 심해질 거고, 맹장이 아니라 지난번처럼 일반적인 장염이라고 하면은 그냥 배가 조금 통증이 비슷하게 유지가 되다가 설사를 한다거나 다른 증상이 동반이 될 것이고, 지금 같은 경우는 시설이 돼 있으면 검사를 해보겠지만 그렇게 급하게 응급으로 가서 할 증상은 아닌거 같고 어… 일단 쥐어 짜는 거처럼 아프다고 하니까 음… 거기 그런 쪽에 효과가 있을 만한 약을 줘볼테니까…

P : 예, 알겠습니다.

D : 일단은 지금은 경과를 지켜봐야겠다. 하루 이틀 경과를 봤는데도 만약에 통증이 가라앉지 않는다… 다른 증상 없이… 가라앉지 않고 계속 아프다… 그러면 더 심해지지 않더라도 검사는 해봐야되거든. 지금 같은 경우 보통 병원에 가면 하루를 봐. 하루 동안 금식하고 아무것도 하지 않을 때 어떻게 되는지 봐서 심해지는 쪽으로 가면 거기선 CT를 찍으니까 바로바로 알 수 있지만, 여기는 일단 증상만 봐야하니까 하루 안에 결론이 날거야 기든 아니든… 그래서 일단 이렇게 약을 먹으면서 보고 일단 식사는 안하는게 좋아.

군의관(이하 D) : 그래서 일단은… 음… 담배 자체는 늘상 하는 얘기지만 안 피
우는게 좋고, 지금 봐서는 기관지염 자체는 열이 난다거나 하는
게 없고 몸에 전신적인 염증이 있다고는 생각이 안되니까 항생
제를 굳이 계속 먹을 필요는 없을 거 같고 이미 그 당시에 4
주전에 항생제를 받은 게 있으면은 어느 정도 이제 그런 염증
조절은 됐을 거야. 기관지에 염증이 생기면 그게 1~2주만에
뚝딱뚝딱 없어지는 게 아니기 때문에 우선적으로는 안에 있는
가래가 배출이 되야 기침이나 그런 게 좋아지거든? 그래서 일
단 가래를 좀 묽히는 약하고… 기침약하고 줄 테니까 좀 먹어
보고.

환자병사(이하 P): 침 삼킬 때 통증 같은 거는 어떻게 합니까?

D : 그거는… 지금 봐서는… 편도나 이런 게 심하게 붓거나 한건
아닌 거 같은데….

P : 편도 수술은 했습니다.

D : 편도 주변에 임파절 같은 것도 영향을 받을 수 있거든? 감기
나 기관지염 이런 것들이… 그래서 아마 만지거나 했을 때 아
프거나 하는 것들이 임파선 쪽에 염증같은 게 동반이 되어서 그
럴 수 있는데… 그런 것들은 지금 상태가 해결이 되면 자연적
으로 좋아지는 것들이기 때문에 우선은 해열 진통제를 추가를
할 거니까 먹어보고, 만약에 열이 난다던지 추가적인 증상이
생기면 다시 오고 그렇지 않으면 지금으로서는 그냥 가래 조절
하고 기침 조절하고 하면서 경과봐야 할 거 같은데 다음 주쯤
엑스레이를 찍어서

P : 다음 주에 아마 CT 찍을 거 같습니다.

D : CT? CT가 어떻게 보면 더 정확할 수 있으니까 CT를 찍고,
CT가 예약이 돼 있는거야?

P : 예약이 돼 있는건 아니고 일단 진료 보고.

분산인지와 맥락적 도구의 활용

암묵지는 어떻게 맥락적으로 발휘되는가?

우리는 일상에서 의사, 변호사 등과 같이 흔히 전문가라 불리는 이들의 업무 처리과정을 어렵지 않게 관찰할 수 있으며, 어렴풋하게 그들의 문제해결과정에 대해 짐작해 볼 수 있다. 그들은 오랜 경험과 시행착오를 통해 숙련된 지식과 기술을 습득하였으며 자신이 봉착한 문제 상황에서 이러한 것들을 적절히 동원하여 원하는 결과에 도달하도록 할 것이라고 생각한다. 이같은 성격의 지식과 기술은 오랜 경험을 통해 체화된 것으로 실천을 통해 드러나며, 암묵지 혹은 묵시지와 같은 개념으로 이해되어 언술화할 수 없는 속성의 지식으로 간주되어 왔다. 이는 일상의 문제 상황이란 언제나 불확정적일 수밖에 없으며, 이를 해결하기 위해 동원되는 지식 또한 유동적일 수밖에 없기 때문이다. 그렇다면 이렇게 유동적이고 불확정적인 상황 속에서 전문가들이 자신의 지식과 기술을 자유자재로 발휘할 수 있는 것은 어떻게 가능한 것일까? 이러한 문제해결의 속성은 아마도 그들이 가진 전문성이 명시적으로 드러난 이론적 지식에 기반한 것만은 아닐 것이라는 사실을 예측하도록 해준다.

군의관과 의무병, 환자 병사의 유선진료 상황과 군의관과 환자 병사 간의 촉진 상황은 전문가의 문제해결과정에서 지식과 기술이 어떻게 활용되는지를 잘 보여준다. 군의관과 의무병, 환자 병사의 유선진료 상황을 살펴보자. 가령 이러한 상황을 접하는 초임 의무병이나 군의관의 경우 약의 이름이나 성능, 용어, 의무병과의 상호작용 방식, 혹은 익숙하지 못한 여러 가지 군대의 업무 체계 등에 신경을 집중하느라 환자의 상태나 상황을 총체적으로 파악하기 어려울 수 있다. 그러나 시간이 흘러 서로의 일이 익숙해지면 이전에 신경써야 했던 모든 것들은 더 이상 사유의 대상이 아닌 일상의 행위들을 수행해 나가기 위한 수단이 된다. 그리고 눈앞에 환자의 상태나 군대의 상황들, 보유한 약의 종류들이 일사불란하게 환자를 치료하는 데 즉각적으로 활용된다. 군의관은 낱낱의 전문적 지식의 내용에 얽매이지 않고 눈앞에 벌어지는 당장의 목적에 맞게 조작하고 상황을 구성해내는 데 집중한다. 군의관과 의무병, 환자 병사의 유선진료 상황에서 군의관은 환자가 호소하는 두통 증상을 듣고 어떠한 고민이나 망설임없이 그날 하루의 작업 여부를 묻는다. 그리고는 작업을 하지 않았다는 의무병의 말에 또 다른 증상들은 없는지를 묻는다. 이러한 군의관의 문진의 순서와 방식은 의료적 행위로서의 전문성이 이론적인 지식들에 대한 독립된 사유의 과정이 아닌, 즉각적으로 환자를 둘러싼 맥락적 요인들을 연쇄적으로 파악하고 거기에 적절한 지식들을 활용하는 과정이라는 사실을 잘 보여준다. 즉, 지식의 내용보다는 실제적인 문제를 해결하기 위해 지식을 선별하고 배치하고 연관성을 찾아내는 사유의 작업 안에서 지식이나 기술은 수단적 도구로 그리고 맥락적으로 접근된다.

군의관과 환자 병사 간의 촉진 상황에서 군의관은 여러 차례의 촉진 끝에 세 가지 가능성을 환자에게 설명한다. 그런데 군의관의 촉진 행위와 진단의 과정을 살펴보면, 그는 단순히 환자가 통증을 호소하는 배의 위치나 느낌을 파편화된 의학 지식들로 받아들이기보다는, 그가 염두에 둔 가능성의 범위 안에서 환자의 상태를 파악하기 위하여 증상의 연관성을 찾는 데 주력하고 있다는 사실을 알 수 있다. 군의관은 환자의 복부 통증의 원인을 파악하기 위하여 끊임없이 미리 염두하고 있던 가능성과 통증의 부위와 양상을 비교하고 연관짓는 행위를 이어간다. 이러한 행위는 군의관과 의무병, 환자 병사의 유선진료 상황의 경우와 마찬가지로 의학적 지식이라는 이론에 입각한 논리적 사유의 과정이 아닌 자신의 앞에 앉아있는 환자와의 진료 과정을 통해 즉각적이고 직관적으로 인식되는 맥락적 추론을 통한 것이다. 촉진의 과정을 통해 그가 느끼는 지각의 대상은 그것의 존재를 인식하지도 못할 만큼 즉각적으로 그의 진료과정에서 성공적인 진단을 향한 도구로서 작용한다. 물론 그러한 업무 수행의 모습은 그가 가진 전문적 의학 지식의 적용이기도 하다. 그렇지만, 그것은 군의관으로서 업무를 수행해나가야 하는 데 필요한 일상적 행위와 밀접하게 결부된 맥락적 추론 행위이기도 하다. 다시 말해서, 어떠한 고차원적인 지식 내지는 기술이라도 그것이 행위자에게 터득되고 나면(embodied) 일상의 행위나 지각의 대상으로 변모하게 되고, 그 지식이 활용되는 상황과 따로 떼어놓고 생각할 수 없는 실천적 행위의 대상이 된다.

문제해결의 도구, 지식의 투명성

위 사례에서 전문가의 행위와 지식의 속성에 관한 분석은 도구의 비가시성 (invisibility of tools)이란 관점에서 설명할 수 있다(Lave & Wenger, 1991). 여기서 도구란, 지식이나 기술, 언어, 사물에 이르기까지 문제해결에 동원되는 모든 것이다. 예컨대, 낯선 곳에 찾아간 이방인에게 목적지까지 찾아가는 길은 길찾기에 집중된 긴장의 연속이다. 그러나 이미 그 길에 익숙한 누군가에게 길을 찾는데 필요한 지식은 더 이상 신경써야 할 대상이 아니다. 그들 둘은 분명 같은 길을 걷고 있지만 서로 다른 것을 보고 있으며, 다른 것을 생각하고 있을 것이다. 이와 같이 지식이나 기술은 그것들을 익히기 전에는 우리의 사유의 과정에서 가시적으로 존재하지만 일단 체득하고 그것을 자유롭게 사용할 수 있게 되면 그것의 존재성은 사라진다.

폴라니(Polanyi, 1958)는 장님의 지팡이 예를 통해 도구의 비가시성에 대해서 설명한 바 있다. 지팡이를 처음 접한 장님은 지팡이가 무겁다던지, 표면이 매끄럽다던지, 길이가 너무 무겁다던지 등의 지팡이 자체에 집중하게 되지만, 차츰 그것이 자신의 거동을 위한 도구로 사용되기 시작하면 지팡이는 그에게 손으로 전달되는 느낌으로 다가오는 장애물이나 지면의 상태로 인식될 뿐, 지팡이의 존재는 사라진다. 즉, 지식의 비가시성이란 마치 유리창에 유리가 존재하지만, 그것이 너무 익숙하여 창 밖에 풍경을 바라볼 때에는 그 존재를 인식하지 못하는 투명성과 같은 것으로, 지식이 너무나 익숙하게 체화되어 머릿속에 사유의 과정과 직접적으로 매개되지 않고 하나의 수단이 되는 상태를 의미한다.

그렇다면 지식이 사유의 과정과 매개되지 않고 수단으로써 활용된다는 것이 행위의 비합리성을 의미하는 것일까? 우리의 실천에는 분명 행위 이전에 계획이나 예측이라는 사유과정과 행위 이후의 반성의 과정이 존재한다. 듀이(Dewey, 1933)는 그의 화용론적인 행위 이론을 통하여 '반성적 사고'에 대하여 언급하며 우리의 행위가 갖는 지적 측면을 강조하였다. 그는 우리의 행위는 뒤돌아봄 (retrospective)과 내다봄(prospective)이 동시에 일어나는 사유의 과정이라고 설명한다. 그러나 이것을 행위와 별개로 존재하는 인지과정으로 이해하는 것은 듀이의 '반성적 사고', 즉 '행위－중－성찰(reflection-in-action)'에 대한 정확한 이해가 아니다. 우리의 행위는 경험에서 비롯된 전형이나 관례에 의존하여 유사한 문제를 효율적으로 처리할 수 있도록 한다. 여기에서 활용되는 전형이나 관례들은 우리의 행위가 사유나 성찰의 과정과 매개될 필요 없이 문제 상황과 직접 매개되어 숙련된 방식으로 문제를 해결하는 직관적인 행위의 측면을 잘 보여준다. 이러한 경험적인 학습의 측면은 흔히 전이의 개념으로 설명되기도 하지만, 사실상 전형이나 관례가 완전히 동일하게 적용되는 경우는 불가능하다. 맥락은 언제나 변화무쌍하기 때문에 이와 같이 익숙하고 비가시화된 지식의 측면들은 여타의 일상적인 문제들이 내포한 새로운 맥락적 변수들을 처리하기 위한 추론의 과정에서 부분적으로 활용되어 상황을 효율적으로 운용할 수 있도록 할 뿐, 그 자체가 문제해결의 전부가 될 수는 없다. 다음의 분석들은 이러한 전형의 적용과 여기에서 이어지는 맥락적 조건들에 따라 조율되는 전문가의 실천적 문제해결 장면들을 잘 보여준다.

현상학적 장과 문제의 상정

지식의 적용인가, 경험의 확장인가?

의사의 처방은 환자의 복잡한 증상들을 제대로 지각하여 명확한 진단을 내리는 것에서부터 시작한다. 올바른 진단은 문제해결의 실마리가 되며 의사의 맥락적 추론능력이 발휘되는 가장 결정적인 장면이기도 하다. 군의관의 환자 병사에 대한 진단과 처방 상황의 대화에 모두 드러나 있지는 않지만, 위 대화 상황 이전에 군의관은 환자와 문진하는 과정에서 체온을 재보기도 하고 목과 귀의 상태를 살펴보기도 하는 등, 기관지염을 앓고 있는 환자의 상태를 다각도로 살펴보았다. 환자의 상태를 악화시키고 있는 다른 신체적 증상이 없음에도 불구하고 환자의 상태가 호전되지 않는 점을 의사는 환자의 흡연 습관 때문이라는 새로운 가능성으로 설명한다. 그리고 이에 필요한 가래 묽히는 약과 기침약을 처방한다. 이에 대하여 환자는 추가적으로 침 삼킬 때의 통증을 호소하면서, 의사의 처방에 더 필요하다고 생각되는 것을 요청한다. 군의관은 환자의 침 삼킬 때의 통증에 다시 주목하고 편도 염증에 대한 언급을 하지만, 환자는 편도 수술은 이미 했다고 말한다. 그러자 의사는 다시 임파절에 대한 가능성을 언급하며 이에 대한 약 처방과 엑스레이 처방을 추가한다. 환자는 다시 CT촬영에 대한 계획을 밝히고, 의사는 CT촬영이 더 정확할 수 있다고 처방을 수정한다.

이처럼 의사의 진단과 처방의 과정은 의사와 환자, 그리고 증상과 맥락이라는 모든 요소들이 바로 그 순간, 바로 그 곳에서 만나 만들어진 매우 특수하고 개별적인 결과들이다. 그런데 이러한 결과를 만들어내기 위하여 의사는 끊임없이 상황을 조절해나가고, 이러한 자신의 결과를 환자에게 납득시키기 위한 근거들을 맥락 속에 배치해 나간다. 예컨대, 이전의 처방에도 호전되지 않은 환자의 상태에 대한 오진 가능성을 배제하기 위한 새로운 원인을 찾아내서 제시한다거나, 미처 진단의 과정에서 염두에 두지 못한 환자의 수술 경력이나 진단도구의 선택 등과 같이 의사로서의 권위와 전문성을 유지하기 위한 생활세계의 질서를 견고하게 만드는 행위방식 안에서 그들을 둘러싼 맥락적 요소와 그가 가진 전문적 지식들을 적극 활용하고 있다는 것이다.

이러한 의사의 진단과 처방의 행위 역시도 전문가 당사자의 입장에서는 전문지식의 적용과정과 다름없다는 의문을 제기할 수 있다. 물론 앞서 언급했듯이, 여기에서 문제해결과정에서 전문적 지식의 적용 혹은 전문가의 직관이나 안목을 부정하는 것은 아니다. 예컨대, 군의관과 의무병, 환자 병사의 우선진료 상황과 군의관과 환자 병사 간의 촉진 상황에서 의사가 처방을 내리는 과정은 논리적인 과정에 의한 전문적 지식의 조합으로 보일 수 있다. 그러나 이것은 의사와 환자의 상호작용 전체 과정을 사후적인 관점에서 바라보았을 때 내릴 수 있는 판단으로, 의미를 구성하는 우리의 사고가 갖는 착시와도 같은 현상이다. 여기에서 착시란, 우리의 행위가 그 행위 자체에 본연의 의미를 내포하는 것이 아니라, 우리가 사후에 그것에 의미를 부여할 때 비로소 그것을 갖게 된다는 것을 의미한다. 왜냐하면 우리의 행위는 한 번에 하나씩 이루어질 수밖에 없는 특성으로 행위 당사자는 그 사태를 온전히 들여다 볼 수 없을 뿐만 아니라 결코 그 사태의 결과를 미리 예측할 수도 없기 때문이다. 즉, 행위 당사자는 행위를 하는 매순간 총체적인 의미를 되새기며 다음 행위의 행로를 선택해 나간다기보다는 눈앞에 놓인 맥락을 즉각적으로 운용해가는 방식으로 일을 처리해 나가게 된다는 점이다. 그리고 모든 사태가 종료된 후, 그 상황에 대한 의미는 사후반성적으로 부여되는 것이다.

맥락의 재구성과 전문성

의사와 환자의 진료 상황이라는 생생한 일상의 순간에서 의사와 환자 모두는 그들이 놓인 생활세계의 질서를 무너뜨리지 않는 것이 최우선 과제이다. 전문 지식의 순수한 적용이라 생각하는 진단과 처방은 실제 상황을 거치는 동안 도달한 우연적 상황에 불과하다. 예컨대, 위의 상황에서 군의관이 환자의 상태를 듣고, 진단을 확신할 수 없다고 모든 상황을 중지시키고 책을 찾아본다거나, 전화를 한다거나, 다음에 다시 진료를 보겠다는 식으로 처신하는 것은 매우 부자연스럽고 비상식적인 상황일 것이다. 설사 진단을 확신할 수 없는 상황일지라도 의사는 자신의 전문성이 의심받지 않는 범위 안에서 문제해결을 뒤로 미루거나, 촉진을 하는 방식을 통해 결정을 지연시키는 방식으로 진단을 위한 시간을 확보하는 것이 더욱 이해가능한 방식의 행위일 것이다. 이처럼 의사의 진단과 처방이라는 문제의 형성과 해결의 과정은 전문적 지식의 적용이기에 앞서 매우 맥락적으로 이루어지는 실제적인 행위과정이다. 즉, 그들이 가진 전문적 지식도 진료 상황이라는 현장의 질서 안에서 일어날 수밖에 없기 때문에, 그 구체적인 시공간적 특성과 맞물려 현실적인 관심 속에서 활용되는 하나의 일상적 행위인 것이다.

맥락을 제대로 지각할 수 있다는 것은 문제를 단순화시키기 위하여 맥락적인 모든 것을 활용하여 문제해결의 지름길을 찾아낼 수 있도록 한다는 것을 의미한다. 스크리브너(Scribner, 1984)는 숙련된 실천적 탐구는 문제해결뿐만 아니라 문제의 형성도 포함한다고 설명한다. 능숙하게 실천적으로 문제를 해결한다는 것은 마주한 문제를 적절하게 형성하거나 재정의하는 능력에 달려있다. 예컨대, 레이브(Lave, 1977)의 연구에서 계량용으로써 석고보드를 사용하는 목수의 작업방식이나 혹은 그래드윈(Gladwin, 1970)의 연구에서 카누의 선체를 자로 활용하여 배를 만드는 플라와트 섬의 장인과 같이 추상적 연산 사고를 평범한 일상의 조작으로 바꾸는 맥락적인 계산 도구들을 활용하는 예도 같은 맥락에서 이해할 수 있다. 이 같은 예들은 행위자들이 이미 결정되어 있다고 생각하는 문제들조차 자신이 동원할 수 있는 모든 도구를 활용하여 주관적인 문제로 재구성하고 문제해결의 성공을 향해 조절해 나간다는 것을 보여준다.

위의 분석 상황에서 의사가 진단과 처방을 맥락적으로 구성해내는 것과 같이 문제의 상황을 어떻게 인식하고 어떻게 재구성하는지는 문제의 난이도와 문제를 해결하기 위한 방식을 결정하는 데 매우 중대한 변수로 작용한다. 문제가 놓인 상황을 둘러싼 여러 맥락적 요인들을 동원해 좀 더 쉽게 처리할 수 있는 문제로 문제 상황을 재구성하는 것, 마치 그것은 문제해결을 위한 잔꾀나 요행으로 여겨질지 모르지만, 문제란 결국 상황과 별개로 존재할 수 없다는 사실을 이해한다면 그것은 결코 문제의 본질을 벗어난 부차적인 행위만은 아닐 것이다.

상황의 포월성과 사후 수정적 의미의 재구성

맥락의 반영으로서 전문가의 수행

우리는 흔히 전문가들의 문제해결과정은 철저하게 전문적 지식을 기반으로 수행된 논리적 과정일 것이라고 생각한다. 그러나 다음의 분석 상황을 살펴보면, 숙련의의 경우 그들의 문제해결을 위한 탐색의 과정은 즉각적 행위와 동시에 추론이 진행되는 방식으로 처리되곤 한다. 예컨대, **군의관과 환자 병사 간의**

과 에서 군의관이 진단을 내리기 위하여 "땔 때 아프고…", "비슷하고…", "괜찮고…"와 같이 환자의 증상을 다시 되뇌이며 촉진을 하는 행위 혹은 '일단은…', '일단 지금은…'과 같이 비결정적인 어조로 진단을 내리는 행위들은 문제해결 자체를 지연시키는 행위의 방식들이라고 할 수 있다. 그러나 이러한 행위들은 실제로 그 일이 일어나고 있는 현장에서 멀어지지 않은 채로 해결책을 추론해 나가는 방식들을 취하면서 그들의 행위가 논리적 의미체계에 의해 생성된 것만은 아니라는 것을 잘 보여준다. 만약 어떤 의사가 진단을 내릴 때, 오진의 가능성을 배제시키기 위하여 환자에 대한 진료 상황을 미룬 채, 모든 상황을 중지하고 완벽한 진단 결과가 도출될 때까지 생각에만 몰두한다면 과연 더 높은 수준의 전문성을 가진 의사라고 할 수 있을까? 또한 그러한 방식으로 '완벽한' 진료행위가 실제로 가능할까?

일상의 문제해결과정은 계획과 계획의 수행이라는 일련의 절차로써 진행되며 이러한 과정에는 행위자의 계획과 반성이라는 인지적 작용이 결정적인 요인일 것이라고 생각한다. 물론 문제가 해결지점에 도달하기까지는 행위자의 내면화된 지식이나 기술을 사용하기 위한 머릿속 사유의 과정이 존재한다는 사실은 분명하다. 그러나 생생한 실천의 장면으로서 문제해결의 과정은 개인의 머릿속에서 일어나는 인지적 작용만으로 설명하기에는 그것의 복잡한 맥락적 메커니즘을 드러내는 데 한계가 있다.

실천적 지식의 맥락성에 집중한 레이브(Lave, 1988)는 성인들의 수학 활용에 관한 연구를 통하여 그들의 산술과정이 단순히 수학의 알고리즘을 통한 논리적 계산과정이 아니라는 점을 보여준다. 슈퍼마켓에서 사과를 구입하는 상황 안에서도 인지 활동으로서 산술과정은 그들의 행위가 이루어지는 서로 다른 맥락적 조건들에 의해 개별적인 차이를 갖는다. 이것은 우리의 행위에 존재하는 두 측면을 잘 보여주는 것으로, 논리적으로 취한 방법으로서 의미적 측면과 실제로 일어난 일로써의 화용적(pragmatic) 측면이 바로 그것이다. 우리가 흔히 쇼핑하기 전에 세운 쇼핑 목록과 예산이 쇼핑 과정의 다양한 맥락적 변수로 인하여 변경되는 것이 그 예가 될 것이다.

전문적 행위의 필수불가결한 요소로서 수정과 보완 그리고 비선형성

군의관과 의무병, 환자 병사의 유선진료 상황은 문제해결과정에서의 맥락성을 잘 보여주는 예이다. 군의관이 처방의 과정에서 처음 지시한 트롤락이라는 약이 떨어져서 디클로페낙을 처방하는 상황은 매우 단순하지만 우리의 일상에서 흔히 만날 수 있는 예측불가능한 맥락적 변수를 잘 보여주는 장면이다. 또한 군의관이 의무병에게 처치 명령을 내리는 과정은 문제해결과정의 사후수정성을 잘 드러내준다. 예컨대, '그거 2g을 8시간마다 IV로 줘라. 그거 한 번에 그냥 주는 게 아니고 100cc짜리 작은 셀라인에 섞어서 천천히 줘야 된다. 그리고 주기 전에 스킨 테스트하고'라는 말의 순서를 보면 규범적인 의미에 있어서 일이 진행되어야 하는 순서, 예컨대 처방 매뉴얼에서 지시하는 처방의 순서와는 정반대로 지시가 이루어진다. 순서대로 지시가 이루어졌다면 '스킨 테스트 후에 세프트리악손 2g을 100cc짜리 작은 셀라인에 섞어 8시간마다 IV로 줘라.'가 될 것이다. 그런데 상호작용으로 나타난 의사의 처방 순서는 위와 같이 표준화된 일의 순서와는 다르게 그가 가장 핵심적인 내용이라고 생각하는 것을 먼저 제시하고, 세부적인 것을 나중에 제시하는 방식으로 이루어진다. 이에 따라 상대방이 이해하는 정도, 반응하는 정도, 일이 처리되는 상황들을 고려하여 사후수정적으로 보완된다. 이러한 행위의 방식은 전문가의 전문성을 극대화시키는 효율적인 일의 처리방식으로, 경우에 따라 불필요한 절차와 행위를 생략 가능하도록 만든다.

이처럼 우리는 머릿속에서 발화 내용을 계획하여 논리적 순서나 문제해결의 순서에 따라 말을 이어 나간다기보다는 이후에 전개되는 상황을 살펴가며 맥락적으로 구조화되는 순서에 따라 말을 이어 나간다. 이는 이전 발화 내용에 대한 수정(repair)과 보완(supplement), 의도적인 간과(passing) 그리고 부연 설명(reformulation) 등에 해당하는 말들을 통해 확인할 수 있다. 예컨대, "그러니까 제 말은…", "이미 말한 바와 같이…", "아니…"와 같은 말들이 이에 해당하며 이러한 발화의 방식은 예기치 않은 맥락적 변수들(circumstantial contingencies)로 인해 어떠한 경우도 미리 예측하여 설계되기 쉽지 않은 행위의 속성에서 비롯된 것이다. 다음(the next) 행위는 일단 취한 행위에 따라 그것이 바로 전에 있었던 자신의 행위에 대한 정정이 될지, 다음 단계로 넘어가기 위한 행위가 될지, 그렇지 않으면 동시다발적으로 그 모두가 될지를 결정하게 된다. 이는 철저하게 현장의 질서에 의해 판단 가능한 것이며, 이는 맥락은 언제나 현상학적 장으로 우리를 포월(包越)[3]하기 때문이다.

사회학자 짐멜(Simmel, 1971)은 행위의 맥락적 속성을 드러내기 위하여 우리의 행위를 체스 게임에 비유한 바 있다. 그에 따르면, 우리가 두는 수가 어떤 결과를 가져다 줄 것인지 알지 못한다면 체스 게임을 두는 것은 불가능하다. 반면에 만약 우리가 두는 수가 어떤 결과를 가져다 줄 것인지 무한정 예측이 가능한 경우에도 게임은 불가능하다. 왜냐하면 한 수 한 수가 가져올 결과를 무한히 예측한다는 것은 곧 체스를 두는 사람으로 하여금 다음 수를 두도록 하는데 치명적인 걸림돌로 작용할 것이기 때문이다. 이처럼 우리의 행위는 머릿속 인지 작용이 겉으로 드러난 것에 불과한 부수적인 산물이 아니라, 행위를 통해 예기치 못한 맥락적 변수들을 실제적 관심과 목적에 맞도록 조율해가면서 의미를 조합하고 완성해 나가는 과정이다. 아무리 사전에 치밀한 계획을 세운다 하더라도 구체적인 현장에서 일어나는 행위들의 마주침 없이는 다음 행위를 예측할 수 없으며, 그것은 결국 문제의 해결지점으로 나아갈 수 없다는 것을 의미한다. 결국, 의사의 처방에서 나타난 문제해결과정은 소위 정보처리과정이 아니라 맥락의 운용과정이라고 할 수 있다. 즉, 여기서 구조화되어 나타난 것은 '지금 여기'를 둘러싼 맥락이지, 전문가의 인지적 스키마가 아니다.

이처럼 문제해결은 문제의 형성에서 탐구 해결에 이르기까지 선형적 절차로 진행되기보다는 그 문제가 놓인 맥락적 질서 속에서 목하 의도에 맞게 조율되는 방식으로 일어난다. 이것은 문제해결의 장면이 우리가 살아가는 생활세계의 질서[4]와 따로 떨어져 존재할 수 없기 때문이고 우리의 행위는 실존적 조건으로써 '지금 여기서'라는 맥락에 둘러싸여 행위를 취할 수밖에 없기 때문이다. 이러한 행위 방식은 상황이 기대하는 바에 맞추어 행위를 하고 그 결과에 맞추어 다시

---

3 여기서 포월이라는 개념은 영어의 envelopment를 뜻한다. 포월은 한자어 包와 越의 조합어로서 여기에는 나를 감싸고 그리고 건너간다는 의미를 담고 있다(손민호·조현영, 2014).
4 여기서 말하는 생활세계의 질서란 슈츠(Schütz, 1962)적인 의미에서 상식적 지식과 실용적 동기, 실제적 행위 그리고 당연시하는 태도 등으로 이루어진 세계를 말한다.

반응하는 등의 실천적 행위들로 너무나 당연하게 여겨지는 우리의 자연적 태도들이다. 또한 이것은 우리가 일을 처리해나갈 때 이론과 실제가 다른 가장 큰 이유이기도 하며, 전문가의 업무처리 방식일 뿐만 아니라, 우리가 일상의 익숙한 일들을 처리하는 방법과 다르지 않다.

제 4 장

전문 교육에서의
시뮬레이션과 학습

04

전문 교육에서의
시뮬레이션과 학습

시뮬레이션 학습과 학습자의 경험

의학교육에서의 시뮬레이션 학습: 임상수행평가(Clinical performance examination, CPX)

의학교육은 환자를 진단하고 치료하는 진료행위를 잘 수행할 수 있는 전문가를 양성하는 것을 주목적으로 한다. 환자를 진단하고 치료하는 능력은 비판적 사고, 대인관계기술 및 전문적 기술을 포함하며 지식, 기술 및 태도가 통합된 능력이다. 의학교육에서는 통상적으로 이러한 능력을 신장시키기 위하여 기초의학을 시작으로 임상의학을 학습하고 임상실습을 거치는 과정을 통해 이론적 지식과 이를 통한 수행 능력의 조화로운 경험이 가능하도록 하고 있다.

의학은 그 영역의 특수성으로 인해 다른 어떤 교육의 영역보다도 실제적인 수행의 능력이 중요하게 다루어진다. 따라서 의학교육은 학생들이 실제 환자진료에 적용할 수 있는 임상능력을 갖출 수 있도록 하는 것이 의과대학 교육의 중요한 교육과정으로 여겨지고 있다. 이러한 교육과정의 일환으로 임상실습은 학생들이 배운 지식을 맥락적으로 이해하고, 적용 또는 응용하여 실질적인 진료 상황에서의 문제해결력을 증진시킬 수 있다고 보았다. 이러한 인식은 최근 의사 국가고시에 임상수행평가(clinical performance examination, CPX)를 도입하는 배경이 되기도 하였다. 이는 그 동안 의과대학 학생들의 임상실습 평가에 흔히 활용되어 왔던 지필평가의 한계를 극복하기 위한 방안으로, 측정하는 능력의 영역에 따라 평가의 방식도 달라져야 한다는 인식에서 비롯된 것이다. 이러한 평가방식의 새로운 도입은 교육과정에 직, 간접적으로 영향을 주게 되었고, 의대 임상 교육과정의 실질적인 운영방식에 변화를 가져왔다.

임상수행평가(CPX)는 외국의 경우 그 역사가 이미 30년이 넘었지만, 국내에는 2009년도에 본격적으로 의학교육에 도입되기 시작하였다. 전통적인 의학교육에서의 임상실습에 대한 평가는 교수가 특정 환자를 정해주고 실습학생에게 이들을 진찰하게 한 후 구술시험이나 보고서를 작성하게 하는 방식이었다. 이는 간접적인 평가방법인데다가, 환자에게 부담을 줄 수 있고, 평가의 표준화와 객관성을 기대할 수 없다는 이유로 새로운 평가방식의 도입이 요청되었기 때문이다. 이에 따라 표준화 환자(Standardized patient, SP)와 시나리오를 사용한 평가가 도입되었고 이는 객관성의 유지라는 평가방법에 혁신적인 변화를 가져왔다고 평가받고 있다. 그 이후 이 방법은 여러 연구를 통하여 신뢰성 및 타당성이 입증되었고, 미국 및 캐나다를 비롯한 일부 선진국에서는 임상수기의 주요한 평가 방법으로 자리 잡고 있다.

중첩된 맥락과 실재적 경험

의학교육에서는 임상수행평가(Clinical performance examination: CPX)를 통해 가상 진료 상황이 학생들에게 진단과 처방이라는 문제해결과정을 실제상황과 유사하게 경험하도록 설계하고 있다. 이는 의과대학 본과 3, 4학년을 대상으로 실시하는 평가형 프로그램으로 훈련된 표준화 환자를 활용하여 진료 상황을 실제와 유사하게 간접적으로 경험하도록 하는 것이다. 그런데 의학교육의 장면은 병원과 학교라는 맥락이 중첩적으로 맞물려 연출되는 공간이다. 즉, 의학교육이

목표로 삼고 있는 전문적인 의료 지식과 처치행위 이외에도 교육적 상황이라는 또 다른 맥락적 요인이 작용하고 있기 때문에 이들이 경험하는 문제해결의 과정이 과연 실제 진료 상황과 얼마나 근접해 있고 얼마나 괴리될 수밖에 없는지는 항상 문제시되어 왔다.

의사들 사이의 임상 컨퍼런스에서 그들이 어떻게 자신들의 전문 지식을 활용하여 서로 의견 개진을 해 나가는지 살펴본 민속방법론 연구에 따르면(Nozomi & Mitsuhiro, 2007), 의사들의 컨퍼런스를 구성하는 역량은 조직 전체 상황에 분산된 지식들의 실천적 운용과 연관되어 있다. 즉, 이러한 역량은 해당 컨퍼런스 과정의 것일 뿐만 아니라, 병원이라는 조직에서 공유되어 있는 운영 방식을 반영하여 생성되는 것이기도 하다. 즉, 의사들 간의 컨퍼런스는 환자에 대한 증상 보고와 처치라는 의학적 지식에 기반한 과정으로만 고려되는 것만이 아닌, 고참(senior) 의사가 신참(junior) 의사의 수련을 지원하는 교육적 측면에 대한 고려가 함께 이루어진다는 것이다. 뿐만 아니라, 병원 내 자원의 활용이라는 효율성까지 고려해야 하는 다층적 맥락의 고려가 필요한 과정이다.

이러한 복잡 다변한 맥락의 혼재는 교육적 장면에서의 학습 전이 문제와 결부되기도 한다. 그것은 실제적인 경험을 쌓기 이전에 학습한 이론적 지식이 실제 맥락, 즉 학습이 일어난 맥락과 서로 다른 맥락에서도 '동일하게' 적용가능한지에 관한 문제이다(조현영·손민호, 2014). 예컨대 학생 의사가 임상수행평가에서 만나게 되는 표준화 환자의 경우 그들은 숙련된 전문의의 경우도 그들이 표준화 환자인지 아닌지를 구별하기 힘들다고 할 정도로 잘 훈련된 연기자로서, 그들은 자신들이 어떠한 병을 가진 환자로서 연기해야 하는지 사전에 정해진 상태에서 처신한다. 따라서 자신이 어떤 질병을 갖고 있는지 전혀 알지 못한 채로 병원을 찾는 일반적인 경우와는 의사와의 상호작용하는 방식에서 어떠한 식으로든 미묘한 차이를 내보일 수밖에 없을 것이라고 짐작할 수 있다.

다음에서는 실제 맥락과 학습 시뮬레이션 맥락 간의 동형성과 차이를 의학 교육에서의 진료와 교육이라는 다층적인 맥락이 혼재된 학습의 장면을 통해서 살펴보고자 한다. 임상수행평가(CPX)에 임하고 있는 학생들의 문제해결과정에 대한 구체적인 상황 기술은 학생들의 경험이 맥락에 따라 어떠한 경험을 하도록 하는지 잘 보여준다.

암묵지의 학습과 행위의 맥락적 조율

맥락적 질서와 의미의 형성

다음은 임상수행평가가 이루어지는 가상의 진료 사례 중 일부 상황이다. 학생 의사(SD)는 본과 4학년 여학생이고, 표준화 환자(SP)는 40대 초반의 남성으로 '검은색 변이 나와요'라는 주제에 해당하는 증상을 연기한다. 이 상황은 앞서 1장에서 보여준 문진상황과 연속된 상황으로 학생 의사는 환자와의 문진에 이어, 복부 신체 진찰을 한다.

'검은색 변이 나와요'의 복부 신체 진찰 상황

SD: 네. 감사합니다. 복부 진찰 한번 해 볼테니 여기 올라가주세요. 신발 벗고….

SP: (환자 침대에 눕는다.)

SD: 무릎은 이렇게 조금만 올려주시면… 장음 좀 들어볼께요. (청진으로 복부를 진찰한다.) 어… 여기 명치 부위가 아프다고 하셨죠?

SP: 가끔이요.

SD: (명치 주위 복부를 두드려본다.) 예. 제가 누르거나 뗄 때 아프신 곳 있으시면 말씀해주세요. (명치 주위를 눌러본다.)

SP: (가만히 있는다.)

SD: (명치 부위를 누른다.)

SP: 아. 아….

SD: 여기가 아프시구나. 예(환자의 윗옷을 내리며). 예. 되셨어요. 내려오시면 됩니다.

위 상황은 진료실에서 흔히 볼 수 있는 의사와 환자의 전형적인 문진 이후 진행되는 신체진찰의 장면이다. 먼저 앞서 제시한 1장의 문진 상황에서 환자는 검은 변을 보았다는 매우 단편적인 사실로 자신의 신체적 이상 증상을 말한 바 있다. 의사는 환자의 이러한 증상을 하나의 근거로 삼아 환자에게 그 밖의 다른 신체 증상과 환자의 병력, 생활 습관들에 대하여 묻고 환자는 의사의 질문에 대해 자신의 증상들을 이야기한다. 그리고 이어진 신체 진찰의 상황을 보면, 의사는 진찰 행위 이전에 상대에게 매우 공손하게 동의를 구한다. 환자는 이에 대하여 어떠한 대답도 없이 행동에 임한다.

이러한 장면은 우리가 병원에서 흔히 볼 수 있는 아주 자연스러운 진료 상황이지만, 위의 상황을 진료 상황이 아닌 '현상 그 자체로' 바라본다면 둘 사이의 상호작용은 몇 가지 독특한 방식으로 진행되고 있다. 그들 사이에 이루어지는 대화의 구조는 학생 의사는 주로 묻고, 표준화 환자는 주로 대답하는 방식을 보인다. 또한 신체 진찰의 경우에는 타인과의 신체적 접촉은 도덕적으로 매우 민감한 부분일 수 있음에도 불구하고, **'검은색 변이 나와요'의 복부 신체 진찰 상황**의 신체 진찰의 상황을 보면, 옷을 올리거나 복부에 손을 대는 행위들이 매우 자연스럽게 이루어지며 어떠한 문제 상황으로 보이지도 않는다. 오히려 서로의 행위가 불편하지 않도록 배려하고 도와주기도 한다. 이러한 사실들은 당연히 진료 상황이기 때문에 그러한 것이 아니겠냐고 반문할 수 있다. 그렇다면 진료 상황에서의 질서는 어디에서 비롯되는 것일까? 진료 상황에서의 행위를 규정하고 통제하는 것은 무엇일까? 여기에서 질서란, "상대방이 이해할 수 있게끔 사회 구성원들에 의해 일련의 방식으로 구성된"(Schegloff & Sacks, 1973: 290) 행위의 방식이다. 즉, 자신의 행위를 상대방이 이해할 수 있도록 진행해 나가는 방법을 의미한다. 그렇다면 이러한 상호 이해를 기반한 질서의 형성이란 전적으로 규칙과 규범 혹은 그 사회의 문화에 기대어진 행위들이라고 볼 수 있을까?

사실상 진료 상황에서의 자연스럽고 상식적인 질서조차도 상호간의 협력이 전제가 될 때에만 유지가 가능하다. 앞서 보여준 일련의 행위가 의학적 행위로 용인될 수 있는 것은 그 어떤 규칙이나 규범에 의한 것이 아닌 상호작용 방식을 통해 매 순간 암묵적으로 공유하고 조율한 행위 그 자체에서 비롯된 것이다. 행위의 전개 과정에서 이전 행위는 다음 행위를 기대하며 이루어지지만 그것의 의미가 결정되는 것은 비로소 다음 행위가 이루어졌을 때에만 확정될 수 있기 때문이다. 사실상 순간의 단편적 행위 그 자체는 특정한 의미를 가질 수 없지만, 상호간의 행위를 통제하고 조율하는 일련의 행위들이 만나 그것만의 맥락적 질서를 형성하며 의미를 결정한다.

예컨대 다시 **'검은색 변이 나와요'의 복부 신체 진찰 상황**을 주의깊게 살펴보면, 의사는 복부 진찰을 하겠으니 환자를 침대에 눕도록 지시한다. 환자는 아무런 대답 없이 지시를 따른다. 그리고 신체 진찰이 이루어지는 내내 환자와 의사는 시선을 마주치지 않는다. 환자의 이러한 행위는 이 상황에 대해 어떠한 거부감 없이 협조하겠다는 것을 의미한다. 그런데 흥미로운 사실은 일상적인 상황에서 '아무런 대답도 하지 않은 채 눈도 마주치지 않고 지시한 행위를 한다.'는 것은 불만의 표현으로 받아들여질 수도 있다. 그렇지만 이러한 행위가 이루어지는 맥락을 이해한다면 그것은 너무나 당연하고 자연스러운 행위로 받아들여진다. 그런데 반대로, 의사가 침대에 눕도록 지시한 것에 대하여 환자가 불쾌함을 표현하는 행위를 한다거나 진찰을 하는 내내 의사를 쳐다보고 있다고 생각해보자. 이것은 매우 비상식적인 행동일 뿐만 아니라 도덕성의 위반 문제로 여겨질 수 있다. 이러한 가상의 상황에 대한 상상은 아주 작은 행위의 어긋남만으로도 맥락적 질서는 깨어질 수 있다는 것을 보여준다.

직접 경험의 조직으로서 맥락적 의미

1장에서 보여준 임상수행평가 과정에서의 문진상황과 앞서 제시한 신체진찰 상황에서 분석한 바에 따르면, 임상수행평가라는 의학교육 상황에서 진단과 처방을 내리는 과정은 단순히 전문적 지식을 활용하는 인지적 차원의 문제해결의 과정이 아님을 잘 보여준다. 진료 상황은 그것이 실제이건 가상의 진료 상황이건 의사와 환자가 직접 대면하여 전개되는 일상의 실천을 벗어날 수 없다. 따라서 의학적 지식을 떠올리고 적용하는 내면의 탐색 과정은 외부에서 보이는 진료 행위와 따로 떨어져 독립적으로 존재할 수 없는 것이다. 의사는 사회적으로 용인가능한 범위의 권위와 신뢰를 잃지 않는 행위의 방식 가운데 진료 행위를 이어가야 하며, 환자 역시 태도와 처신에 있어서 그러한 범위를 벗어나지 않는 가운데 진료 행위에 협조해야만 한다. 만약 이것이 따로 이루어진다면 그것은 일상의 질서가 무너지는 상식 밖의 행동이 되거나, 임상수행평가에서 낙제점을 받게 되는 결과를 가져올 수밖에 없다.

아놀드(Arnold, 2012), 린드월와 액스트롬(Lindwall and Ekström, 2012)은 그들의 연구를 통하여 의학교육에서 전문지식을 전달하고 공유하기 위하여 직접적인 행위나 말을 어떻게 시지각적인 처치에 사용하는지 보여준다. 그는 전문 지식이 서로 간에 공유되고 학습될 수 있는 가능성(learnability)은 맥락적 행위에 의해 구현될 수 있는 직접 경험(direct experience)에 그 실제적인 토대를 두고 있다고 보았다. 그들의 행위들은 상황을 시시각각 감지하고 반영하며 연관성(relevancy)을 찾아 구체화하는 방식으로 공유 가능성을 현실화시킨다. 예컨대, 환자의 신체나 테크놀로지에 기반한 다양한 의료기기에 의해 표상되는 그래픽, 표, 사진 자료 등에 대한 전문적 지식들은 해당 상황 안에서 멤버들의 설명, 지시, 질문 등의 맥락적 행위들을 통해 지표화하면서 전개된다(Goodwin, 1994). 즉, 해당 상황 안에서 멤버들의 행위는 전개되는 맥락에 의해 상호 지표화하며 애매모호한 의미를 전문 지식의 범주로 한정지어나가며 의미를 구현해 나간다.

또한 산체스 등(Sanchez-Svensson et al., 2009)의 연구에서는 외과 수술 장면을 통해 이루어지는 교수 행위를 분석하였는데, 이러한 학습의 과정은 학습자가 공유하고자 하는 지식에 직접적으로 접근할 수 있도록 맥락을 구조화해가는 과정과 다름 없다는 점을 보여준다. 또한 몇몇 연구들은 교수자와 학습자 사이에 상호작용이 어떻게 환자 진료와 외과의 숙련을 목적으로 구조화되는지(Bezemer et al., 2013), 그리고 처치 장면에서 교수자의 지시에 따라 학습자가 어떻게 반응하는지(Mondada, 2014, Prentice, 2007), 외과의가 실제 수술 장면 안에서 어떻게 교수 행위를 조직화하는지(Zemel et al., 2011)를 분석하고자 하였다. 또한 힌드마쉬 등(Hindmarsh et al., 2011)은 치과 치료 중에 수련의들이 얼마나 잘 이해하고 있는지를 평가하기 위해서 활용하는 다양한 유형의 제제들에 관해 분석하기도 하였다. 이러한 연구들은 학습 가능성이 생산되고 재생산되는 것은 맥락에 의한 소여(affordance)의 현상학적 장(phenomena field)이 조장되어 나온 결과의 산물이라는 점을 보여주기 위함이다(Nishizaka, 2006; Prentice, 2007).

결론적으로 위 상황에서 환자와 의사의 애매모호한 말과 행위에도 불구하고 상호간의 의미가 공유되고 안정적으로 질서가 유지될 수 있는 것은 말과 행위가 전달하는 표상이 갖는 객관적이고 규범적인 사실들 때문만이 아니다. 그것의 의미를 결정하는 것은 그것이 사용되는 맥락을 엮어감으로써 상대에게 전달하고자 의도한 것에 접근 가능하도록 상황을 구조화시키는 행위들 때문이며, 이것은 서로가 의도하고 기대한 결과를 만들어가는 시간적 흐름 속에서 그들을 둘러싼 맥락적 도구들을 활용해나가면서 상호간의 납득가능한 사실들을 만들어가는 매우 실제적이고 실존적인 행위의 방식에서 비롯된 것이다.

의도적 컨텍스트 설계와 실재적 컨텍스트 경험

학습자의 실재적 맥락은 무엇인가?

그림 4-1 임상수행평가실

방에 들어서면 좌측에는 책상과 의자가 놓여 있고 우측에는 의료용 침대가 놓여있다. 그리고 책상에 앉으면 좌측 손이 닿는 위치에 티슈, 손 소독제, 설압자(tung depressor), 생수가 놓여있다. 책상 중

앙에는 환자에 대한 정보와 상황이 소개된 종이 한 장이 놓여있다. 책상과 침대 사이에는 표준화 환자 역할의 일반인 연기자가 앉아있다. 그리고 책상의 건너편이자 표준화 환자의 뒤편에 다섯 걸음 정도 떨어진 테이블에 평가를 맡은 교수자가 앉아 있다. 그 위쪽 천장에는 영상을 녹화하는 카메라 장치와 음성녹음 장치가 설치되어 있다.

위의 상황은 임상수행평가가 이루어지는 진료실의 전형적인 모습이다. 가구와 물건들의 배치와 환자의 위치는 병원 진료실의 형태를 유사하게 옮겨다 놓은 것이다. 그러나 분명한 것은 이러한 진료실의 모습이 일반적인 병원의 진료실과는 다른 어색함이 있다는 것이다. 실제로 병원 진료실에 들어서면 인체 모형이나, 그림, 의학서적과 같은 물건들, 혹은 테이블 위에 작은 화분이나 찻잔 혹은 사진이나 액자와 같이 진료에 직접적으로 사용되지 않는 물건들이 적어도 몇 개쯤은 존재한다. 그러나 위의 진료실은 진료에 필요한 최소한의 물건들만 배치해두었다. 이러한 환경은 지금의 진료실 상황이 가상의 진료 상황을 위해 지극히 조장된 시뮬레이션 상황이라는 것을 알 수 있도록 만드는 요인이 되기도 한다. 물론 임상수행평가는 실제 진료 상황과 유사한 진료 경험을 하도록 하는 것이 학습의 목적이기 때문에 이러한 요인들은 학습에 있어서 매우 주변적이고 사소한 요인으로 여겨질 수도 있다.

이러한 이해는 소위 전이와 관련된 이슈로 살펴볼 수 있다. 즉, 조장된 학습 상황에는 항상 시뮬레이션 상황에서 배운 것들이 실제 상황에서도 통용될 수 있겠는가를 둘러싸고 엇갈린 해석과 평가가 뒤따른다. 위와 같은 측면에서 살펴본다면 학습 맥락은 실제 상황만이 조장할 수 있는 맥락적 긴박성의 부재로 말미암아 실제 진단 및 치료 행위를 동기화시키기 어렵다는 데 있다. 그럼에도 불구하고 그 상황에 노출되는 참여자들은 그 상황이 실제 상황이 아니라는 의심을 유보한 채 그들에게 닥치는 상황 가운데 어떤 측면에 주목하게 된다.

그렇다면 실제 진료 상황에서의 의사들이 경험하는 문제해결과정을 간접적으로 경험한다는 것은 무엇에 대한 경험을 의미하는 것일까? 이론적으로 습득한 의학적 지식을 환자에게 직접 적용하고 상호작용하는 것만을 의미하는 것일까?

진료실의 모습은 인지적 활동과는 무관하게 개인의 외부에 존재하는 부차적인 요인들에 불과한 것일까? 그것은 과연 실제 진료 상황을 경험하고자 하는 임상수행평가에서의 학습의 경험에는 영향을 주지 않는 부차적이고 사소한 요인들에 불과한 것일까?

묘사된 가상의 진료실에 배치된 가구와 물건들은 진료실에 들어서서 책상에 앉는 순간 학생들의 시야에 포착된다. 최소한의 물건들로만 꾸며진 진료실의 모습은 그 공간 안에 존재하는 것들은 문제해결을 위한 도구들로 활용될 것이라는 통념을 불러일으키기에 충분한 조건이 된다. 따라서 이 물건들은 진료를 전개하는 과정에서 맥락적 지표로 작용하여 행위를 동기화하는 데 영향을 미치는 요인이 된다. 지금의 상황이 시뮬레이션이라는 사실을 인지하는 것은 그들을 둘러싼 맥락적 요인들을 이 상황과 연관된 조건들로 지각하도록 조장하는 것이다.

연극적 행위로서 시뮬레이션 학습

통상적으로 환자는 자신이 진료를 받고자 하는 의사나 병원을 선택한다. 그리고 환자는 의사의 이름과 성별과 같은 기본적인 정보 혹은 진료를 잘 보기로 소문난 의사라던지, 불친절하지만 수술은 잘하는 의사라던지 등과 같이 그들의 전문성을 평가하는 비공식적인 정보들을 가지고 진료 상황에 참여한다. 그러나 의사는 오히려 환자에 대한 이름과 나이, 성별과 같은 아주 기본적인 정보들만 알고 있다. 임상수행평가의 진료 상황은 이와는 아주 다른 조건을 전제로 한다. 표준화 환자는 사전에 자신이 연기해야 할 병이 무엇인지, 그리고 그 병의 증상은 어떠한 것인지 숙지하고 있다. 실제로 진료를 받으러 온 환자의 경우 자신의 신체적 증상의 원인이 무엇인지에 대한 궁금증을 해결하기 위해 방문하는 것과는 전혀 다르다. 또한 환자는 의사를 선택할 필요도 없으며, 의사의 전문성이나 진료의 방식 등에 대한 정보에는 어떠한 관심도 필요로 하지 않는다.

임상수행평가에서 중요한 사실 가운데 하나는 학생 역시 표준화 환자가 이미 자신이 연기해야 할 진단명과 증상에 대한 정보를 갖고 있다는 것을 알고 있다는 점이다. 물론 표준화 환자 역시 학생 의사가 실제 의사가 가진 정도의 의료적 전문성을 갖지 못했다는 사실을 알고 있다. 이는 환자와 의사가 진료 상황을 통해 달성하고자 하는 실존적인 목적의 성격이 전혀 다름으로 인해 진료 상황을 통해 기대하는 정보와 지식에 대한 기대가 전혀 달라진다는 것을 말해준다. 이와 같이 참여의 당사자들이 그 상황이 시뮬레이션 상황이라는 것을 알고 있다는 것은 그 상황에서 그들이 어떻게 처신해야 할지 어떤 판단과 행위를 취해나가야 할지에 대해 영향을 끼치게 된다. 셰록과 왓슨(Sharrock & Watson, 1985)은 이러한 특성을 다음과 같이 하나의 게임에 비유하기도 하였다.

> 여기서 시뮬레이션이 시뮬레이션으로 성립하기 위해 필요한 핵심 관건은 시뮬레이션이 하나의 게임이라는 사실이 그들 행위에 어떻게 영향을 미칠 것인가가 아니라, 그것이 게임이라는 것을 자신들이 지각하고 있다는 사실이 그들 행위에 어떻게 반영되어 있을 것인가 하는 점이다. (Sharrock & Watson, 1985, p. 197)

이들의 비유에 따르면 임상수행평가에 참여하는 당사자들이 이 상황이 가상의 진료 상황이라는 사실을 지각하는 것은 그들의 행위 방식에 영향을 끼치게 된다는 것이다. 이로 인해 시뮬레이션에 참여한 당사자들은 그 때 그 때 당면하는 맥락적 배경과 맥락적 기대, 맥락적 요인들의 부재 속에서 실제 상황과는 다른 성격의 활동과 경험을 하게 된다.

'시험이 시작되었습니다. 입실하십시오.'라는 안내방송과 함께 학생 의사는 진료실로 들어선다. 진료가 시작되고 의사와 환자가 첫 대면을 하는 상황은 실제 진료 상황에서와는 전혀 다른 방식으로 이루어진다. 먼저 표준화 환자는 진료실에 먼저 대기 중이다. 학생 의사는 가장 먼저, "안녕하세요, 학생 의사 ○○○입니다."라고 자신의 이름을 밝힌다. 이는 실제의 진료에서 의사가 진료실에서 환자를 기다리고 있고, 환자가 의사를 찾아가는 것과는 정반대의 상황이다. 임상수행평가로 수행되는 학생 의사와 표준화 환자의 진료 상황에서는 이같이 실제 진료상황과는 다른 방식의 상호작용 패턴이 종종 발견된다.

'열이 나요'의 검사 권유 상황

학생의사(이하 SD)　　: 제가 배를 눌렀다 뗐다를 할 건데요. 아프시면 말씀해주세요.

표준화 환자(이하 SP): 네.
SD : 괜찮으세요?
SP : 네.
SD : (배를 눌러본다.)
SP : 괜찮아요. 괜찮아요….
SD : 네. 잠시 이렇게 앉아주시겠어요? 이번에는 옆구리 쪽을 두드려 볼 거에요. 아프시면 말씀해주세요.
SP : 괜찮아요. 괜찮아요.
SD : 그럼 이번에는 골반 내진 검사라고 해서 질 안쪽으로 제 손을 넣어서 내부 장기 상태를 확인하려고 하는데, 혹시 검사를 해도 괜찮나요?
SP : 다음에 와서 할게요.
SD : 예. 다음에 하시겠.. 알겠습니다. 앉아주시구요.

위의 대화 장면은 임상수행평가의 상황에서 '열이 나요'라는 주제로 내원한 환자를 진료하는 상황이다. 여러 가지 항목에 대한 문진과 신체 진찰을 거친 후 특별한 원인을 파악하기 어렵다고 판단한 학생 의사는 골반 내진 검사를 해도 되겠는지 환자에게 묻는다. 여기에서 "혹시 검사를 해도 괜찮나요?"라는 질문은 환자에게 정말로 그 검사를 해도 괜찮은지를 묻는 의미라기보다는 민감한 신체 접촉이나 불편감을 줄 수 있는 검사들을 실시하기에 앞서 그것이 의료적으로 필요한 행위임을 분명히 설명하고 좀 더 완곡한 표현으로 그것의 동의를 구하는 방식이라는 해석이 더 일반적일 것이다. 그리고 보통의 경우라면 의사의 권유에 환자는 특별한 사정이 없다면 그것을 따르는 것이 상식적인 태도이다. 그러나 위의 임상수행평가 상황에서 이루어진 대화 장면에서는 일상적인 진료 상황에서의 상호작용 방식과는 다른 조금 어색한 대화가 진행된다는 것을 알 수 있다.

여기에서 더욱 흥미로운 것은 표준화 환자의 검사 거부의 행위가 단순히 검사를 할 수 없음을 의미하는 것이 아니라는 사실이다. 임상수행평가의 상황에서 민감한 신체 접촉이 필요한 검사의 경우 검사 대신 표준화 환자가 갖고 있던 그 검사에 해당하는 증상 카드를 보여주는 것으로 대체한다. 그런데 이 경우 환자는 해당 검사에 해당하는 증상 카드를 갖고 있지 않았고 검사를 거부할 수밖에 없는 상황에 처한다. 이와 유사한 맥락적 예로, "검은 변이 나와요"라는 주제의 임상수행평가 상황에서 학생들은 직장 검사를 환자에게 권유하고, 이런 경우 실질적인 검사대신 표준화 환자가 감추어두었던 증상 카드를 학생에게 제시하는 방식으로 검사를 대체하는 모습을 보인다. 이것은 직장 검사가 그 환자의 병을 추론하는데 필요한 검사라는 것을 학생들에게 암시하는 하나의 맥락적 지표로 작용한다. 임상수행평가에서 표준화 환자는 학생들이 해결해야 할 문제의 해답을 쥐고 있는 문제해결의 열쇠임과 동시에 학생들의 문제해결과정을 평가하는 평가자로서 학생들의 진료행위 전반에 추론을 촉발시키는 지표로 영향을 미친다. 따라서 환자의 검사 거부 행동은 학생들에게 검사의 필요성 여부를 판단하도록 하는 힌트로 작용했을 것이다.

맥락적 긴박성의 부재와 평가로서의 학습 상황

가상의 진료 상황이 실제 진료 상황과 차이를 보이는 또 하나의 요인은 맥락적 긴박성이다. 이 같은 맥락적 요인의 부재는 동기의 문제와 직결된다고 볼 수 있다. 왜냐하면 실제 상황에서의 동기는 매뉴얼에 따른 절차에 의해 발동되기보다는 대부분 맥락적 긴박성(immediate situational constraints, Becker et al., 1961)을 통해 야기되기 때문이다. 맥락적으로 구속력을 갖는 이러한 긴박함은 보기에 따라서는 의학 지식과 관련된 것으로 볼 수도 있거나 혹은 의학 지식과는 직접적으로 관련되어 있지 않지만 그것이 실제 상황에서 구현되기 위해서 불가피한 실제적인 사안들로 인해 야기된다. 가령 실제의 진료 상황에서는 검사가 얼마나 응급으로 이루어져야 하는 것인지 여부에 따라서도 환자는 검사 여부를 판단할 수도 있다. 혹은 환자 개인적 사정에 의해 검사를 미룰 수도 있다. 즉, 진단과 처치에 관련된 판단과 결정에는 증상에 대한 판단뿐만 아니라 환자를 둘러싼 상황, 예컨대 생애적, 개인적 요인 등이 중요한 변수로 반영되기도 한다. 그렇지만 이러한 긴박한 맥락적 요인이 없는 가상의 진료 상황에서 환자의 검사 거부는 의사에게 또 다른 맥락적 추론을 불러일으키는 지표로 작용한다.

이러한 이해는 다시 한 번 학습전이에 관한 이슈를 상기시킨다. 조장된 시뮬레이션 학습 상황에서는 부재할 수밖에 없는 맥락적 긴박성에도 불구하고 학습된 결과가 과연 실제 상황에서 얼마나 의미 있게 통용될 수 있겠는가 하는 것이다. 물론 학습전이의 관점에서 맥락성은 학습의 부차적이고 예외적인 요인으로 간주되기 때문에 학습의 과정에서 다루는 내용의 유사성과 그것을 다루는 인지적 작용에만 주의를 기울이게 된다. 반면에 위의 상황 분석을 살펴보면 학습이 이루어지는 맥락성은 결코 학습 외적인 요인이 아니라는 것을 알 수 있다. 즉, 맥락의 차이는 학습의 콘텐츠를 다루는 추론의 과정 전반에 전제로 작용하여 실제 해당 문제해결의 의미를 다르게 구조화해 나가도록 한다.

이들의 문제해결과정에서 시뮬레이션 상황을 극대화시키는 중요한 요인으로 작용하는 것은 '평가'라는 교육적 요소가 동반되고 있다는 사실이다. 임상수행평가의 경우 학생들에게 주어진 시험 시간은 10분이다. 10분이라는 시간은 진료 상황으로 활용할 수 있도록 제공된 최대한의 시간을 의미하는 것으로 제한시간 안에서 학생들은 탄력적으로 시간을 활용할 수 있다. 그러나 시험에 참여한 거의 모든 학생들은 진료 상황을 10분이라는 시간에 의도적으로 맞추려고 하는 경향을 보였다. 시험이 끝나기 2분 전이 되면 '시험 종료 2분 전입니다.'라는 안내방송이 나오는데, 이 안내방송이 나온 뒤 학생들은 자신의 진료 행위를 남은 시간에 맞추기 위하여 황급히 검사를 마무리 짓거나 반대로 진단을 지연시키는 모습을 보였다. 평가를 위해 조장된 진료의 상황은 학생들에게 맥락적 긴박성이나 책임감이 아닌 평가의 항목이나 시간 안배 등과 같은 요인들과 관련한 추론을 발동시키는 근거로 작용하고 있다는 것을 보여준다.

시뮬레이션 상황에서 학생 의사와 표준화 환자 사이의 상호작용은 실제 진료 상황과 애초부터 다른 맥락적 요인으로 인해 서로에게 기대하는 행위의 방식이 실제 상황과는 사뭇 다른 모습을 나타낸다. 이는 개인의 경험이나 행위는 그가 속한 맥락과의 연관성 속에서 그 의미를 찾게 되는 바, 가상의 진료 상황은 문제의 상정부터 문제해결에 동원되는 정보와 지식에 접근하는 방식에 이르기까지 차이를 보이게 된다는 것을 의미한다. 기든스(Giddens, 1984)는 현대사회에서 정체성(identity)은 실체(명사)성으로 존재하기보다는 행위(동사)성으로 존재한다고 보았다. 정체성은 탈맥락화된 상황 속에서 이루어지는 지식 또는 개념들의 획득 과정이 아닌, 선택지가 무수히 열려 있는 상황 속에서 끊임없는 성찰을 통해 재구조화해 나가는 양태로써 우리의 성향과 행위를 의미한다(손민호·조현영, 2014). 즉, 학생들에게 가상의 진료 상황은 의사로서의 의료 행위라기보다는 학생으로서 지식을 평가받는 교수자의 교육적 행위에 더 가까운 경험인 것이다.

전문적 지식의 적용인가, 맥락적 행위의 조율인가?

'검은색 변이 나와요' 진단과 처방 상황

SD: 환자분 지금 변색이 이상해서 오셨잖아요. 제가 볼 때는 피 출혈이 좀 있으신 거 같구요.

SP: 출혈이요?

SD: 네…. 이제 좀… 위같이. 위쪽에 위장에서 출혈이 있을 때는 변색이 좀 검정색으로 나올 수가 있어요. 그게… 네… 출혈이 있으셔서 지금 맥박도 조금 높으시거든요. 혈압도 조금 떨어져 있으시구요. 출혈이 있으신 거 같구요. 그래서 내시경을 통해서 확인을 해볼 수 있는데, 위내시경과 대장내시경을 함께 진행을 해볼 수 있을 것 같아요.

SP: 위에서 출혈인데 대장내시경도 해야 하나요?

SD: 정확한 위치를 좀 저희가 파악을 해서… 일단 사십대시고 술 담배도 하시고, 맵고 짠 음식도 많이 드시기 때문에 환자분 대장내시경을 한 적이 없으시기 때문에 지금 직장수지검사에서도 피가 좀 묻어나오고 있기 때문에 대장도 한 번 살펴보고 치료를 해야 할 것 같아요.

SP: 아….

(시험이 종료되었습니다.)

SD: 감사합니다. (표준화 환자와 교수자에게 인사 후 진료실을 나간다.)

'검은색 변이 나와요' 진단과 처방 상황에서 학생 의사는 문진과 신체 진찰을 마친 후, 표준화 환자에게 진단과 처방을 내린다. 의사는 환자에게 맥박과 혈압, 검은 변을 근거로 제시하며 위장 내 출혈이 예상된다고 진단한다. 의사가 진단과 처방의 내용을 환자에게 전달하는 방식에도 주목할 필요가 있다. 여기에서 학생 의사는 '위쪽에 위장에서 출혈이 있을 때는 변색이 좀 검정색으로 나올 수가 있어요… 정확한 위치를 좀 저희가 파악을 해서…. 치료를 해야 할 것 같아요.'라는 방식으로 환자의 증상을 객관적이고 일반화된 의학적 사실을 근거로 들어 설명을 함과 동시에 치료의 주체를 '저희'라는 집단으로 설정함으로써 진단과 처방의 과정이 의학적 사실에 근거하여 내려진 것임을 강조한다. 또한 환자가 대장내시경이 반드시 필요한 것인지 묻는 질문을 하자 학생 의사는 나이와 술, 담배, 맵고 짠 음식 등 문진의 과정에서 환자와 주고받았던 말들을 근거로 대장내시경의 필요성이 있음을 설명한다.

한편 학생 의사는 진단의 근거로 맥박, 혈압을 제시하는데, 이는 환자와의 문진과정 이전에 상황설명지를 통해 제시되었던 환자의 정보라는 점이 흥미롭다. 아마도 의사는 환자에 대한 진찰을 시작하기 전 맥박과 혈압에 대한 정보만으로 신체 내부의 출혈이 의심되는 질환이라는 것을 이미 예견했을 가능성을 보여준다. 그리고 환자가 처음 호소한 증상인 검은 변을 보았다는 사실을 통해 위또는 장 내부 어딘가에서 출혈일 것이라고 예견한 채로 진찰을 진행했을 것이라고 추측할 수 있다. 이러한 의사의 추론 방식은 문진 과정에서 보여준 몇 가지 질문을 통해 좀 더 명확해진다. 1장의 에피소드 에서 평소의 식습관을 묻는 질문에서 매운 음식이나 자극적인 음식을 좋아하는지 묻거나, 건강검진을 받아보았는지 묻는 질문에서도 특별히 내시경 검사를 지목하여 묻는 것들은, 의사가 무엇인가 머릿속에 의심하고 있는 질환이 있다는 것을 보여준다.

일반적인 진료 행위에 대한 이해방식으로는 앞서 진행된 진찰 과정에서의 대화가 단순히 환자의 증상을 파악하기 위한 경험적 사실들을 확인하는 과정이며, '검은색 변이 나와요' 진단과 처방 상황 의 진단과 처방이 이루어지는 상황은 이러한 사실들을 종합하고 전달하는 과정으로써 의사의 판단과 결정이 필요한 상황이라고 생각하기 쉽다. 또한 임상수행평가의 상황에서는 학생이 평가자에게 최종적인 문제의 답을 제시하는 진단과 처방의 상황이 평가의 결정적인 순간이라고 여겨질 수 있다. 따라서 학생 의사는 표준화 환자와 평가 교수자에게 진찰의 결과를 자신이 어떻게 의학적 사실들과 연결짓고 있는지를 보여주고자 노력할 것이다. 그렇다면 이와 같은 학생 의사의 진료 행위는 순수하게 개인의 머릿속에서 홀로 일어난 인지적 과정이라고 볼 수 있을까? 혹은 습득한 의학적 사실에 근거한 지식의 적용과정이었을까? 학생 의사의 진단과 처방은 의학적 지식들에 기반한 것임에 틀림없다. 그러나 환자의 경험적 사실들이 하나의 진단으로 결정되는 상황은 단순히 지식에 대한 적용만으로는 설명할 수 없는 부분이다. 위 분석 상황에서 학생 의사는 문제에 직면하는 순간 그 문제의 해결을 어렴풋이 떠올렸으며 그에 따라 문제 사태 자체를 새롭게 상정하였다. 그리고는 예측한 최종 지점을 정당화하기 위한 방식으로 진료의 상황을 조절해나갔다. 이것은 앞서 이해한 진료의 과정이 생각보다 계획적이지 않을 뿐만 아니라, 순수하게 합리적이고 이론적인 지식만을 기반으로 한 것이 아니라는 사실을 보여준다. 이러한 관점으로 진료 행위를 이해한다면, 진단의 결과는 문진의 과정을 통해 귀납적으로 도출된 객관적 사실이라기보다는 의사가 상정한 원인에 의해 가시화된 현상이라고 볼 수도 있다. 다시 말해서 이러한 진료 행위의 과정은 의사가 진단을 내리기 위한 정보를 수집하는 과정이라기보다 최종적인 진단이 합리성을 얻기 위한 맥락적 정황을 만들어가는 과정으로 이해할 수도 있는 것이다.

메를로 퐁티(Merleau-Ponty, 1960)는 지식의 구성적 측면을 설명하기 위하여 지식이란 존재한다기보다 출현하는 것에 가깝다고 설명한다. 우리의 행위는 우리의 사고와 달리 한 번에 하나씩 이루어질 수밖에 없다. 그러나 일상의 문제해결은 문제와 그 해결, 그리고 행위의 당사자를 따로 떼어놓고 생각할 수 없는 매우 실제적이고 실천적인 과정이다. 따라서 문제 상황에 대한 이해와 기대가 문제해결과정 전반에 암묵적으로 작용할 수밖에 없으며 이로 인해 문제해결과정에는 언제나 예측 불가능한 변수들이 가득하다. 따라서 우리가 문제의 해결을 어렴풋이 짐작하고 기대하는 바가 있다 하더라도 그것을 실제로 적용하는 과정에서 만나는 다양한 맥락적 변수들로 인하여 계획에 존재하지 않던 모종의 조치들을 동원하여 즉각적으로 처리해나갈 수밖에 없는 것이다.

이처럼 진료의 과정은 의학적 지식의 적용일 뿐만 아니라 맥락적 요인들을 다듬고 통제하는 애씀이 필요한 매우 실제적인 과정이다. '검은색 변이 나와요' 진단과 처방 상황의 경우 학생 의사는 다행히 진료의 과정을 통해 진단과 처방의 결과를 이끌어 낼 수 있었지만, 설사 그 과정에서 증상의 원인을 찾아내지 못하여 진단을 내릴 수 없는 상황일지라도 학생 의사는 왜 자신이 그럴 수밖에 없는지를 납득시키기 위해 의학적 사실들에 근거하여 설명하고자 했을 것이다. 그리고 이것은 그 맥락을 공유한 구성원들에게 설명 가능하도록 맥락적 요인들을 적재적소에 배치하는 방식으로 이루어질 것이다. 즉, 가상의 진료 상황을 함께 공유하는 구성원인 표준화 환자와 평가 교수에게 시간적 흐름 속에서 그러한 지식이나 기술의 의미가 공유될 수 있도록 맥락을 조율해나가는 것이다. 이와 같은 문제해결의 맥락 조율적인 특성은 앞서 제시한 에피소드 의 복부 진찰의 행위를 좀 더 구체적으로 분석해보는 것을 통해서도 확인할 수 있다.

맥락적 경험은 어떻게 협상력을 발휘하나

차이의 발견으로서 실천적 행위

학생 의사는 환자의 복부를 청진하고 두드려보고 눌러보면서 통증의 부위를 찾아간다. 진찰은 명치 부위를 제외한 부위에서부터 차츰 자명한 증상이 나타날 것으로 예상되는 부위로 나아간다. 그런 후 학생 의사는 두 부위 사이의 통증이 차이가 있음을 환자에게 확인시킨다. 이러한 방식은 직접적으로 통증 부위를 찾아내는 것이기보다는 통증이 나타나는 부위와 그렇지 않은 부위와의 차이를 드러냄으로써 통증의 부위나 양상을 부각시키는 방법에 가깝다.

그림 4-2 CPX 복부 진찰 장면

그런데 학생 의사에게 표준화 환자는 증상에 대한 연기를 하고 있는 가상의 환자이기 때문에, 학생 의사의 신체 진찰 행위는 정확히는 환자의 증상을 확인하는 과정이 아닌 문제 해결에 필요한 힌트를 찾고 있는 것이라고 볼 수 있다. 따라서 의사는 환자가 통증을 호소하는 부위들 중에서 애매한 것과 명확한 것을 가려내야만 한다. 다시 말해서, 복부에서 느껴지는 촉감이나 환자가 호소하는 실제적인 반응이 아닌 환자의 표현 방식 속에서 그 차이를 찾아내는 것에 집중해야 한다.

이와 같은 복부 진찰의 순서는 물론 의학적 사실에 근거한 것이기도 하다. 따라서 학생 의사의 진찰 행위는 겉으로는 실제 진료에서 복부를 진찰하는 행위와 다를 바 없어 보이지만 그 맥락적 차이로 인하여 그 과정에서 일어나는 추론의 내용이나 방식과는 전혀 다를 수 있다. 그렇지만 이것이 학생 의사의 진료 행위가 비합리적이라는 것을 의미하는 것은 아니다. 실제의 진료 상황에서의 의사와 가상의 진료 상황에서의 학생은 모두 환자의 증상을 통해 진단과 처방을 내려야 하는 문제 상황에 처해있다는 점에서 각각이 처한 맥락은 서로 어느 정도의 유사성을 갖는다. 맥베드(Macbeth, 2011)에 따르면, 시뮬레이션 맥락은 '실제' 맥락의 복제이지만 그 안에서의 경험이 실제냐 아니냐 하는 판단은 시뮬레이션 맥락의 진위 수준보다는 그 맥락이 얼마나 참여자에게 '교수적인 문제(instructional matter)'로 작용했는가 아닌가로 결정된다.

실재적 맥락의 조율과 의미의 형성

가핑클과 삭스(Garfinkel & Sacks, 1970)는 플라스틱 엔진을 가지고 실제 엔진의 작동방식을 익히는 학생들의 상황에 관해 서술하면서 어떻게 '모형(mock-up)'이 실제 상황을 보여줄 수 있는지 설명한 바 있다. 그들에 따르면, 모형은 실제 대상의 '허위 조작물'이지만 보여주고자 하는 것, 즉 연관성의 핵심을 반영한다. 그리고 사용자에 의해 실제 맥락에서 실제적인 행위를 이끄는 만큼 그 모형은 대상의 사실성에 대한 회의나 의심은 유보한 채 팩트(fact)의 권위를 부여받게 되어 있다(Zaunbrecher, 2012). 그들이 지적하고자 하는 바는 우리가 보는 것이 사물 그 자체가 아닌 그 사물에 부여되는 설명가능성(accountability), 즉 어떻게 작동하는지 그리고 그것이 무엇을 의미하는지라는 점이다. 앞서 인용한 바와 같이, '시뮬레이션이 하나의 게임이라는 사실이 어떻게 그들 행위에 영향을 미칠 것인가가 중요한 것이 아니라, 그것이 게임이라는 것을 지각하고 있다는 것이 그들 행위에 어떻게 반영되어 있을 것인가가 중요하다'는 사실을 상기해볼 필요가 있다. 이는 시뮬레이션이 만든 결과가 의미한 바대로 사태를 창출시킨 것이라는 사실보다는 그 사태를 운용해 나가야 하는 사용자의 사용 방식이 만들어 낸 결과라는 점에 있다(Johnson, 2009; Rystedt & Sjöblom, 2012).

물론 이러한 문제를 해결하기 위해서는 의학적 지식을 적용해야만 한다. 그러나 문제의 상황이 실제 환자를 다루는 상황인지 그렇지 않은지 여부에 따라서 그들에게 고려해야 할 맥락적 요인들이 달라지는 것이다. 왜냐하면 그들이 해결해야 하는 문제는 단순히 고도의 합리적 지식이나 기술을 적용한 결과로써의 진단과 처방뿐만 아니라 진료 행위 전반에 분산되어 있는 이러한 지식들을 적절하게 활용하고 조율해야 하는 과정 전체이기 때문이다.

일상의 문제란 해결해야 할 고정된 하나의 사태만을 의미하는 것이 아니다. '~을 하는 동안에'라는 하나의 시간 속에서 종국에 해결되어야 할 문제의 지향점이 존재한다면 그것에 도달하기까지의 과정 속에서 만나는 지식이나 관점의 부조화 상태도 부분적인 문제 상황임에 틀림없다. 예컨대, 바둑이나 체스 게임에서 해결해야 할 종국의 문제는 게임에서 승리하는 것이지만, 한 수 한 수를 두는 과정 자체도 부분적으로 국지적이고 편재된 문제 상황의 연속인 것이다. 그리고 이러한 과정에서 만나는 문제 상황들을 단계적으로 해소시켜나가는 것을 통해 우연적으로 도달하게 된 과정을 가리켜 결국 문제 상황의 해결이라고 할 수 있다. 또한 문제해결의 과정 그 자체가 해결이라는 것은 일상의 문제 상황의 복잡성을 의미하는 것이기도 하지만 동시에 그것이 그 맥락을 '바로 그것'으로 만드는 내재적 요인이라는 것을 의미한다.

제5장

학교학습에서의
시뮬레이션과 학습

05

학교학습에서의 시뮬레이션과 학습

학교학습의 이중 맥락

　교실 수업은 한 명의 교사와 다수의 학생 사이에 상호작용이 일어나는 독특한 상호작용의 상황이다. 대체로 교사는 그 날의 학습의 목표에 따라 전달하고자 하는 지식을 다수의 학생들을 대상으로 언어 혹은 행동으로 가르쳐주는 방식의 수업을 진행한다. 학생들도 다소간 차이가 있겠지만, 언어나 행동 속에서 교사의 의도를 파악하고 그 날의 학습 목표에 따라 수업 내용을 숙지하기 위하여 노력할 것이다. 그런데 한 개인이 자신의 생각을 대중에게 말이나 행동으로 표출한다는 것은 그리 간단한 문제가 아니다. 실제로 수업 장면에서 교사와 학생의 상호작용은 물론 학생들의 학업성취결과는 매우 다양한 방식으로 나타난다. 물론 학습 동기나 의욕, 집중력 등과 같은 개인 내적 통제력에서 기인하는 차이로 인한 부분도 간과할 수는 없지만, 비단 그러한 문제를 차치하고서라도 상호작용에서의 오해와 왜곡된 해석의 문제는 비일비재하다. 이것은 우리가 어떠한 의미를 파악하는 것이 과연 언어가 갖는 고정적이고 선험적인 의미를 그대로 받아들임으로써 이해하게 되는 것인지에 대한 재고를 요청한다.

학교 수업의 장면에서 교사는 그날의 학습목표를 제시하고 학생들은 그것을 배우고 익힌다. 그렇다면 학습의 목표이자 그날의 학습의 내용은 교사나 교과서에서 의도한 지식에 국한되어 있을까? 물론 지식이 교육과정 외에 잠재된 상황 속에 내재되어 있다는 생각은 경험이나 활동 위주의 교육이론 등에 영향을 미쳐왔으며, 지식이 활용되는 맥락 가운데 의미를 경험하도록 학습을 설계하도록 요청해 왔다. 다음에서 제시될 과학탐구수업 사례들의 경우, 과학자들이 하는 실험과 일을 학생들이 직접 경험하고 의미를 발견해보도록 하는 것에 목적을 두고 있다. 이는 제도화된 교육과정에서 의도한 교육의 목표임과 동시에 교수자의 의도된 교육과정으로서 수업을 통해 학생들에게 제공된다. 그렇다면 학습자들의 경험은 교수자의 의도와 동일할까? 만약 그렇다면 학습의 격차나 수업 중 상호작용 과정에서의 오해나 왜곡은 왜 일어날까? 만약 그렇지 않다면 학생들은 학습의 장면에서 무엇을 경험하고 무엇을 학습하고 있는 것일까?

결국 한 개인이 어떠한 개념이나 현상을 이해하고 의미를 부여하는 것이 그 대상에 대한 학습의 과정이라고 볼 때, 교사가 전달하고자 하는 언어나 행동을 해석하고 이해하는 방식에서의 차이는 학습의 결과에서의 필연적 차이를 야기한다. 그렇다면, 학생들에게 지식의 참된(authentic) 맥락을 제공하기 위한 목적으로 이루어지는 과학탐구수업의 장면을 통해 실제 학생들이 경험하는 것은 무엇이며, 어떠한 순서와 방식을 통해 학습해 나가는지를 다음의 두 가지 분석의 렌즈를 통해 탐구해보고자 한다.

앳킨슨과 델라몬(Atkinson & Delamont, 1976)은 탐구 수업의 특징을 무대 연출(stage management)에 비유하여 다음과 같이 기술한 바 있다.

학교에서 가르치고 배우는 과학은 학생들에게 이미 잘 알려져 있으며 교사가 해당 수업 활동의 최종 지점으로 설정해 놓은 현상에 대한 발견 과정을 경험하도록 되어 있다는 암묵적 가정을 가지고 진행된다. 이러한 경우 교사가 수업을 진행하는 데 부딪치는 한 가지 난점은 마지막 해답이나 결론을 학생들의 탐구활동의 최종 지점에 이르기까지 누설하지 않고 있어야 한다는 데에 있지 않다. 오히려, 해답이나 결론을 적절한 시점에서 적절한 방식으로 제시해야 한다는 데에 있다(p. 103).

고프만(Goffman)은 학교 수업상황을 연극적 비유를 통하여 설명한 바 있다. 이러한 수업의 이중적 맥락에 대한 비유는 공식적 수업의 장면이 학생들의 실재적 경험과 다를 수 있음을 암시한다. 즉, 수업에서 전달하고자 하는 학습의 내용을 둘러싼 상황과 제도적 교육의 장면이 필연적으로 갖는 교육적 맥락이라는 이중적인 맥락적 질서가 그 안에서 경험하는 학습의 내용에 영향을 줄 것이라는 사실이다. 그렇다면 이러한 복잡한 맥락 가운데 학생들이 경험하고 학습하는 지식이란 무엇일까? 다음의 두 가지 분석의 카테고리는 이러한 사실을 구체적으로 설명하고 있다.

교수자의 맥락과 학습자의 맥락

과학탐구실험활동, 무엇을 경험하고 무엇을 학습하는가?

다음은 초등학교 5학년 과학수업 상황 중 학생들의 탐구실험활동이 이루어지는 장면이다. 다음의 장면 기술과 분석은 우리가 지금껏 당연시 여겨온 학생들의 수업상황 속에서 '그들이 무엇을 경험하고 무엇을 학습하고 있는지'를 살펴보고자 한다.

'가설 설정하기' 상황

과학실에는 조별 수업이 가능하도록 큰 테이블이 있고 그 주변에 의자들이 놓여있다. 그리고 그 벽면에 선반에는 각종 실험도구들이 잘 정리되어 있고, 벽에는 식물도감들이 걸려있다. 교사는 하얀색 실험복을 입었다. 오늘 실험에 사용할 눈금실린더에 꽂힌 식물에는 투명한 비닐이 씌어져 교탁 위에 줄지어져 늘어서있다. 교사는 칠판에 그날의 실험주제를 쓴 뒤, '예상하기-관찰하기-설명하기'라고 쓴다.

교사: 가설 1번 쓰기. 1번. 실험관찰 1번 쓰세요. 쓴 다음에 옆 사람하고 확인해주

세요.

민우는 1번에 가설을 쓰고 옆에 앉은 준호는 민우가 쓰는 것을 쳐다보다가 교사가 쓰라고 재촉하자 교과서를 뒤적인다. 민우는 준호가 자신이 쓰는 것을 계속 바라보자 준호에게 설명해준다. 그러자 그 옆에 진철이도 민우가 설명하는 것을 쳐다본다.

민우: (실험관찰책에 가설을 작성한 것을 모둠의 다른 아이들이 볼 수 있도록 책을 돌려놓는다.) 수분을 내보내니까. 물이 있지?

교사: 자 확인해보겠습니다. 어떻게 될 것 같다. 좀 어렵습니다. 발표해볼 사람. 가설. 하나는 습기가 찼고, 거의 안찼고. 하나는 잎사귀가 많고 하나는 거의 없고.

두 명의 학생이 손을 든다.

교사: 두 명. 다 해야 하는데 어떡하지. 이 시간에 모든 사람들이 이 가설을 세워야 하는데 어떡하지. 김형민.

형민: 기공을 통해 물이 나와서 비닐봉지에 물방울이 생긴 것 같습니다.

교사: 생긴 것 같습니다. 뭐뭐한 것 같다고 쓰라구요. 어려운 사람 빨리 옆 사람꺼 보고 참고해서 써라. 이걸 써야 실험을 시작하겠습니다. 김형민 나와서 써봐 직접.

교사는 형민이에게 칠판에 가설을 직접 써보도록 시킨다. 칠판에 형민이의 판서를 보고 쓰는 학생도 있고 여전히 쓰지 않는 학생들도 있다.

교사: 안 쓰는 학생이 있는 조는 실험에서 제외하겠습니다. 미안하지만 제외하겠습니다. 다시 읽어보세요. 시작!

학생: (다같이) 기공을 통해 물이 나와 비닐봉지에 물방울이 생긴 것 같다.

교사 : 자, 예상하기나 가설은 뭐뭐뭐 일 것이다. 무엇 무엇 같다. 라는 말을 써서 문장을 쓰는 거에요. 집중해서 이렇게 써보는 연습해야 해요. 이게 맞든 틀리든 아주 멋지게 잘했어. 가설은 자기가 무엇일 것 같다고 생각하는 걸 쓰면 돼.

'가설 설정하기' 상황 에서 교사는 학생들에게 직접 실험의 결과를 예상해 보도록 끊임없이 지시한다. 그러나 이러한 교사의 지시가 그대로 학생들에게 옮겨지는 경우는 드물다. 한 모둠 안에서도 교사의 이러한 지시에 한 학생은 실험관찰 책에 직접 예상한 결과를 쓴다. 반면에 다른 한 학생은 실험 관찰 책에 눈은 두고 있지만 교사의 말을 듣지 못한 듯 연필을 돌리고 있다. 나머지 두 학생은 전혀 다른 페이지를 펴둔 채로 멍하니 칠판만 바라본다. 교사는 지속적으로 실험 관찰 1번에 가설을 써보라고 이야기한다. 그래도 쓰지 않는 학생들이 있자 교사는 옆 사람 것을 보고 써보라고 지시한다. 그러자 한 명의 학생이 옆 친구가 쓴 것을 힐끔 쳐다본다. 멍하니 칠판을 보던 학생들도 책을 뒤적여본다. 그래도 여전히 실험 관찰 책 1번에 가설쓰기의 빈칸은 채우지 않는다.

과학적 실험에서 가설의 설정은 주어진 조건을 전제로 그 실험의 결과를 예측하는 과정이다. 따라서 학생들은 실험의 결과를 자유롭게 예측하고 각자의 의견을 발표해볼 수 있으며, 그 과정에서 실험의 결과와 전혀 다른 예측이 나올수도 있다. 교사 역시 '맞든 틀리든', '자기가 무엇일 것 같다고 생각하는 걸 쓰면 돼.'라고 이야기한다. 그런데 학생들은 교사의 끊임없는 재촉에도 불구하고 가설을 실험 관찰 책에 적는 것을 어려워한다. 여기에 교사는 '좀 어렵습니다.' 혹은 '어려운 사람 빨리 옆 사람 꺼 보고 참고해서 써라.'라고 말하며 마치 문제에 답이 존재하는 것과 같은 말을 덧붙인다. 그런 후 교사는 형민이에게 발표를 시킨다. 가설을 발표한 형민이의 경우, 수업의 도입부임에도 불구하고 이미 "기공을 통해 물이 나와서 비닐봉지에 물방울이 생긴 것 같습니다."라고 정확한 실험의 결과를 이야기한다. 교사가 '기공'의 개념을 전혀 설명하지 않은 시점에 이미 실험의 결과와 그날 학습해야 할 내용까지도 아주 정확하게 알고 있다. 이러한 사실에 대해서 교사와 학생들은 모두 놀라거나 신기해하지 않는다. 오히려 이 내용을 칠판에 쓰도록 지시하고 그것을 다 함께 읽도록 할 뿐만 아니라 쓰지 않는 학생은 실험에서 제외시키겠다고 하여 그 내용을 모두 공유하도록 한다. 그제서야 학생들은 칠판에 쓴 판서의 내용을 실험 관찰 책에 옮겨 적기 시작한다. 그리고 일부 아이들은 자신이 썼던 것을 지우고 칠판의 형민이가 쓴 가설을 고쳐 적는다.

탐구 수업을 대하는 교사와 학생의 이러한 태도는 실험의 과정에서 발생한 오차나 오류를 처리하는 방식에서도 살펴볼 수 있다. **'증산작용 실험'에서 오류처리 상황**은 교사가 증산작용 실험에서 식물을 관찰 중인 학생들에게 한 가지 제안을 한다. 비닐봉지 안에 물질이 무엇인지 확인하기 위하여 비닐을 톡톡 쳐보도록 하는데, 한 학생이 너무 세게 친 나머지 눈금실린더가 넘어지고 물이 엎질

러져 비닐봉지 안과 밖으로 물이 쏟아진다.

'증산작용 실험'에서 오류처리 상황

교사: 비닐을 톡톡 손톱으로 튕겨 쳐보세요. 비닐에 붙은 게 어떤 물질인지… 한번
　　　만 해.
톡톡 치다가 한쪽 눈금실린더를 쓰러뜨려 물이 비닐 안과 테이블로 쏟아졌다.
학생: 야! 어…어…아.(선생님을 쳐다본다.)
교사: 괜찮아. 그냥 해도 돼.
학생: 물 샌다. (선생님을 바라보며) 물 새요.
교사: 괜찮아. 걸레 가지고 와서 얼른 닦아.
두 학생이 달려가서 걸레를 가지고 와서 테이블과 실험도구에 쏟아진 물을 닦는
다. 교사는 별로 대수롭지 않다는 듯한 태도로 다른 테이블로 걸어간다.
교사: 그거는 수평유지 못해서 오차야. 관찰결과 기록하세요.

　　'증산작용 실험'에서 오류처리 상황에서 학생들은 자신들의 부주의로 눈금실린
더가 넘어지고 물이 쏟아졌다. 그러자 동시에 모든 학생이 근처에 있던 교사를
바라본다. 이에 대하여 교사는 "괜찮아. 그냥 해도 돼."라고 말한다. 이와 같이
실험 도중 어떠한 문제가 발생했을 때 학생들은 그 문제를 직접 해결하려고 하
기보다는 교사에게 도움을 요청한다. 이것은 실제로 학생들이 실험활동에 주도
적으로 참여하고 있는 것처럼 보이는 상황조차도 많은 부분 교사의 지도를 암묵
적으로 기대하고 있을 뿐만 아니라, 궁극적인 실험의 목표 역시 교사가 지도한
결과를 어떻게 가져올 수 있는지에 두고 있다는 사실을 보여준다. 따라서 실험
의 결과에 치명적인 오류를 가져올 만한 문제가 발생하더라도 교사가 그 상황을
실험 과정상의 오차로 처리해주면 학생들은 어떠한 의심도 없이 자신들의 실험
결과를 문제삼지 않는다. 이는 실험의 조건이 정확했더라면 결과에도 오류가 없
었을 것이라는 사실을 실험의 전개 과정 속에서 교사의 행위를 통해 성취하였기
때문이다. 이러한 실험의 전개 방식은 현미경으로 식물의 기공을 관찰하는 실험
이 시작되기 전 교사가 실험에 대한 설명을 하는 장면에서도 발견된다.

교사: 그렇지. 오늘 실험에 두 가지 봅니다. (칠판에 쓰면서) 하나는 개나리. 또 하나는 달개비. 그래서 개나리의 앞면. 뒷면. 달개비의 앞면. 뒷면. 요렇게 나눠서 볼 거에요. 선생님 미리 봤더니요. 얘(개나리)는 잘 안보여요. 얘(달개비)가 잘 보여. 그래가지고. 안 보인다는 거 미리 알고 있으세요. 왜 안보여요 하지 마. 왜냐면... 왜 그럴까? 미리 답 말해볼까? 이거(쌍떡잎, 외떡잎 판서를 가르치며)랑 관계돼. 얘는 조금만 하면 바로 보이는데, 얘는 선생님 열세 번 했거든. 그리고 포기했어. 포기했는데 다른 선생님이 이래서 안 됩니다 알려줬어. 이따가 확인해볼게.

'증산작용 실험'에서 오류처리 상황과 **'식물의 기공 관찰 실험'에서 오차 처리 상황**에서 교사가 실험의 오차와 오류를 처리하는 방식은 학교에서의 과학 탐구 수업에서 이루어지는 실험이 처음부터 미리 정해진 결과를 성공적으로 재현해 내기 위한 것을 목적으로 한다는 것을 잘 보여준다. 그 과정에서 교사는 실험 결과에 방해가 될 수 있는 요인들을 제거하거나 축소시키는 방식을 통해 학생들에게 실험의 결과를 납득 가능하도록 만든다. 예컨대, 예상된 실험의 오류에 대해서는 사전에 학생들에게 예고를 하기도 하고, 실험과정 중에 갑작스럽게 발생한 사고들은 즉각적으로 오차로 처리함으로써 실험의 결과와의 연관성을 중심으로 맥락적 변수들을 조율하는 방식으로 일관성 있게 배치한다.

이와 같은 교사의 행위는 이어지는 학생들의 행위를 통해 과학탐구수업이라는 질서를 형성하며 정당성을 부여받는다. 학생은 교사의 지시에 대하여 어떠한 의심도 없이 협조하고 배려하는 가운데 실험을 진행한다. **'증산작용 실험'에서 오류처리 상황**에서 엎질러진 눈금실린더에 쏟아진 물의 양이 잘못되었다고 실험의 조건을 다시 갖추어야 한다고 고집한다거나, **'식물의 기공 관찰 실험'에서 오차 처리 상황**에서 이미 결과를 알고 있으니 실험의 과정을 적당히 처리하겠다는 불성실한 태도로 수업에 임한다면 그것은 과학탐구수업이라는 질서를 무너뜨리는 매우 도전적인 행동으로 여겨질 것이다.

과학탐구수업에서의 상황인지와 문제해결

'은경이의 현미경 조작' 실험 상황

은경(가명)이는 접안렌즈에 눈을 대고 렌즈를 조절하면서 초점을 맞춘다. 옆에 학생들은 은경의 옆과 뒤에 서서 은경이가 조작하는 현미경을 바라보고 있다. 은경이는 말없이 계속 초점을 맞춘다.

진경(가명): 초점 맞춰졌어? 어?

은경이는 고개를 끄덕이며 눈을 떼고 뒤로 간다.

진경   : (접안렌즈에 눈을 대고) 우와! (눈을 떼고 놀란 표정으로) 이거 치운다!

민수(가명): 야 그거 움직이면 다시 맞춰야해. 초점 다시 맞춰야 된다고.

은경   : 조준해줄게.

민수   : 됐어? 초점 맞춰졌어?

진경   : 야 이거 맞추는거라고.

규혁(가명): 야 한명씩 줄서.

민수   : 우와, 뭐야 뭐야.

진경   : 야 다음. 여길 봐야지. 이게 더 신기해.

교사   : 나와서 이거 그려볼 사람?

다른 친구들은 현미경 들여다보기에 정신없고, 은경이는 손을 들고 앞으로 나간다. 은경이는 칠판에 나가서 관찰한 것을 그리고, 아이들은 현미경을 들여다보거나 실험관찰 책에 물관 관찰 결과를 그린다.

교사는 현미경 조작 방법에 대하여 설명한다. 현미경은 조별로 한 개씩 주어졌고 학생들은 교사가 설명한 대로 반사판과 조절나사를 돌려보며 초점을 맞춘다. 그러나 초점 맞추기는 생각처럼 잘 되지 않는다. 잠시 뒤, 은경이는 현미경으로 다가가서 말없이 초점을 맞춘 후에 고개를 끄덕이며 현미경에서 눈을 뗀다. 진경이는 은경이가 초점을 맞춰놓은 현미경을 들여다보며 놀란 표정으로 환호성을 지른다. 그리고는 프레파라트를 건드리게 되고 옆에 있던 민수는 초점이 다시 흐려졌다고 말한다. 은경이는 다시 초점을 맞춰주고 아이들은 줄을 서서 한명씩 다시 관찰을 한다.

그렇다면 왜 학생들은 동일한 상황에서 서로 다른 행동의 방식을 보이는 것일까? 이것은 단순히 학습 의욕이나 내적 동기라는 개인의 심리내적 문제로만 치부하여 학습 결손이나 부적응으로 단정할 수 있는 것일까? 예컨대, 앞서 분석의 상황에서 학생들은 스스로 가설을 설정하지 않았고, 실험설계에 오차가 있는 잘못된 실험을 진행했으며, 은경이의 도움으로 현미경 관찰을 비롯한 교사의 지시를 수행한 것처럼 보인다. 그렇다면 그날의 탐구활동 수업에서 교사의 지시를 그대로 따르지 않은 학생들의 학습 활동은 실패한 것이라고 봐야 하는 것일까?

　　맥락주의 학습 패러다임에서 앞서 제시한 분석의 네 가지 상황은 학습에 대한 새로운 해석을 가능하도록 만든다. 다시 말해서 분석에 활용된 과학탐구수업의 상황이 학생들에게는 어떻게 지각되고 있는지 살펴보는 것이 학생들에게 실제적이고 참된 학습으로 경험되고 있는 것이 무엇인지를 이해하는 것이 될 것이다. 여기에서는 학습자들에게 지각되는 상황을 다음의 두 가지 속성으로 정리해 보고자 한다.

맥락의 정서성

　　먼저 학생들에게 과학탐구수업의 상황은 교수자의 맥락도 과학자의 맥락도 아닌 학습자의 정서적 맥락으로 존재한다. 앞서 제시한 상황들에서 학생들의 활동 과정은 과학탐구수업이 순수한 과학적 실험이 아닌, 시범활동으로써 결과의 재현으로 전개되고 있는 모습을 잘 보여준다. 학생들은 가설쓰기, 실험의 오차를 처리하기, 현미경으로 관찰하기 등에 대한 관심보다는 자신들이 기대하고 있거나 교사가 설명해준 결과를 어떻게 가져올 수 있을 것인가에 더 관심을 보인다. 이러한 장면은 교사에 의해 지도된 과학탐구수업이 실제 학생들에게서 어떠한 방식으로 경험되고 있는지를 잘 보여준다. 교사는 학생들이 해야 할 실험의 내용을 미리 설명하고, 관찰해야 할 실험의 결과도 은연중에 내보인다. 이러한 장면은 교실에서의 과학탐구수업이 과학 공동체에서의 일과는 다른 성격의 실험이라는 것을 잘 보여준다. 이는 교사와 학생 모두에게 실험 상황임과 동시에 수업 상황이라는 질서를 유지시키기 위한 노력을 요구한다.

　　예컨대, '가설 설정하기' 상황에서 교사와 학생은 모두 결과를 알고 있지만,

마치 탐구를 통해 최종 결과에 이르게 되는 것처럼 수업을 진행하고 있다. 교사와 형민이가 가설을 기술하는 방식은 '~인 것 같습니다'와 같이 실험의 결과를 가정하는 방식으로 이루어진다. 뿐만 아니라, 형민이의 경우 매우 구체적으로 실험의 결과를 이미 알고 있는 듯이 보이지만, 이를 발표하는 과정에서는 마치 실험의 결과에 대한 불확실한 예측인 것처럼 말한다. 교사 역시 형민이가 발표한 내용이 정확한 실험의 결과라는 사실을 알면서도 이것은 가설의 설정이라는 전제하에 실험 관찰책에 옮겨 적도록 한다. 다른 친구들 역시 형민이의 발표와 판서를 기다렸다는 듯이 옮겨 적는 것으로 보아, 그것이 실험의 결과를 정확하게 예측한 가설이라는 것을 알고 있다고 여겨진다. **'증산작용 실험'에서 오류처리 상황**과 **'식물의 기공 관찰 실험'에서 오차 처리 상황**에서도 역시 실험에서의 실수나 실험 설계의 오차는 제한된 시간 안에 실험의 결과를 도출해내야 하는 상황에서는 '적당히' 넘어가도 되는 융통성이 요구되는 상황이다. **'은경이의 현미경 조작' 실험 상황**의 경우도 마찬가지로 학생들은 자신이 직접 현미경을 조작해보려고 하거나 현미경으로 보이는 식물의 모양을 유심히 관찰하기보다는 은경이에게 모든 상황을 일임하고 나머지 학생들은 그 결과만 확인하는 것과 같이, 문제 상황을 가장 경제적인 방식으로 해결하고자 한다. 이러한 방식의 행위들은 너무나 자연스럽게 이루어지며, 오히려 누군가 이 상황을 진짜 과학인 것처럼 혹은 가짜 과학인 것처럼 드러내어 행동한다면, 오히려 수업은 방해를 받게 될 것이다.

이러한 맥락적 질서는 조장된 맥락적 성격에 따른 참여자들 사이의 암묵적 기대감에 따라 형성된다. 여기에서 맥락적 기대감에 어긋나는 행동이란 '인지적으로 틀린(cognitively incorrect)' 반응이 아닌 '비도덕적인' 행위로 여겨지는 매우 정서적인 문제들을 의미한다(Lave, 1988; Roth, 2007). 즉, 실험의 '사실성(facticity)'을 유지하고자 하는 교사와 학생들 사이의 암묵적인 태도는 그들 사이의 당연시된 믿음을 침해하는 행위에 대하여 도덕적인 비난의 대상으로 여기도록 만들며, 이러한 태도는 현장을 과학수업으로 이끌어 나가고자 하는 그들의 실제적인 추론과 행위에 반영되어 있다. 즉, 탐구 활동이 탐구 활동으로 유지되기 위해서는 참여자들의 정서적인 태도가 맥락적으로 관여되어 있게 된다. 설사 애매모호하거나 불완전한 상태가 있더라도 서로 간에 의심을 유보한 채 일어날 것으로 기대한 바와 실제적으로 연관성 있는 상태만을 중심으로 활동은 전개된다(Seale, Butler, & Hutchby, et al., 2007). 결국 교사와 학생은 수업 중에 이루어지는 실험이라는 독특한 맥락적 속성을 서로 암묵적으로 공유하면서, 온전한 과학적 실험도 아니고 그렇다고 완전히 가상의 실험도 아닌 상황으로 적절하게 서로의 행위를 조절해가며 상호 협조하는 방식으로 실험 행위를 만들어가는 것이다.

문제해결의 다양성과 협력학습

또한 학생들은 동일한 탐구 활동을 하고 있는 것으로 보이지만, 실제로 그들이 공유하는 상황은 서로 다른 목적과 이해방식을 갖고 있기 때문에 협업의 형태로 존재할 수 있다. 학습이란 배우고 익혀야 할 지식이라는 대상을 목표로 숙달해 가는 과정이라고 생각하기 쉽다. 하지만, 실제로 학습이 일어나는 장면은 이와는 전혀 딴판이다. 과학 탐구 수업에서와 같이 여러 명의 개인이 하나의 실험을 완수하기 위하여 학습의 과정을 함께 만들어가는 경우에는 더욱 그렇다. 개인이라는 부분의 합이 실험의 완수라고 생각하기에는 그들 사이의 상호작용이 갖는 유연하고도 즉각적인 행위의 조화는 달리 설명할 방도가 없다. 오히려 그들이 지금 완수하고 성취해야 할 실험의 목표가 교과서에서 제시된 실험의 과정인지, 그들 사이에 조화로운 협력의 과정인지 모호하게 느껴질 정도이다.

맥락주의 패러다임에서 이러한 차이는 맥락을 지각하는 방식의 차이에서 비롯된다고 보았다(Clark & Chalmers, 1998; 이정모, 2010).[5] 맥락인지 방식의 차이는 문제의 상정을 달리하도록 만들며 이러한 차이가 태도와 행위의 차이를 유발하는 것이다. 다시 말해서, 동일한 맥락일지라도 개별 학습자의 맥락에 대한 지각이

---

5 이러한 패러다임은 '체화된 인지 관점'으로 불리며 인지의 문제를 몸의 문제, 즉 지각의 문제로 보았다. 이는 본질적으로 데카르트적 이원론에 바탕을 둔 존재론과 그에서 출발한 인식론으로부터 벗어나자는 탈 데카르트적 움직임의 일환이라고 볼 수 있으며, 이러한 시도는 이미 일찍이 17세기의 B. Spinoza에 의하여 이루어졌다고 할 수 있고, 스피노자 이후에 몸에 대한 강조는 유럽의 현상학적 철학자들에 의하여 주로 이어져 왔다. 추상화된 마음의 측면이 강조되는 데카르트의 존재론과는 달리 메를로-퐁티(1945) 등의 논의에서는 몸과 마음과 환경이 하나의 단위를 이룬다. 몸이 환경의 세상과 일체가 되어 적응하는 과정에서 몸의 행위 하나 하나가 마음을 구성한다고 보는 것이다.

문제 상황을 달리 상정하도록 만들며 이것이 그에 따른 행위를 유발하고 개인의 참된 학습의 대상이 되는 것이다. 예컨대, 물관 관찰 실험의 경우 어떤 학생에게는 현미경을 조작하여 초점을 맞추고 물관의 모양을 관찰해야 하는 과학적 탐구의 과정일 수 있지만, 어떤 경우에는 제한된 수업 시간 내에 교사나 주변 친구, 혹은 교과서에 지식들을 동원하여 실험보고서의 빈칸을 채워야하는 문제일 수도 있는 것이다.

피아노에서 화음을 연속해서 빠르게 구사하는 '아르페지오(arpeggio)' 연주는 이러한 생각에 하나의 시사점을 준다(Sennet, 김홍식 역, 2010). 아르페지오를 연주할 때는 왼손 엄지를 쭉 뻗어서 오른손의 약한 새끼손가락을 돕는데, 이처럼 무언가 함께 이루어나간다는 것은 능력이 불균등하다는 점을 인식하고 여기에 적절하게 각기 다르게 힘을 조절하여 자제하고 도움을 주는 '조율'로서의 의미가 강하다. 물론 여전히 후자의 경우 요행이나 편법을 동원해 문제를 해결하는 것이라고 생각할 수도 있지만, 제도적 학습이라는 독특한 맥락이 아닌 일상의 문제해결의 경우 대체로 후자의 문제해결 방식이 문제해결의 성격을 결정하기 마련이다. 즉, 문제의 상정은 교수자에 의해 이루어지는 것이 아닌 개인의 관심과 흥미, 목적과 합치된 맥락으로서만 존재하는 것이다. 결국 맥락에 대한 지각이 문제를 상정하도록 하며 이것이 학습자들 개인의 학습의 대상이자 내용이 되는 것이다.

실재적 경험의 흐름

앞선 분석에서 과학탐구수업은 정확한 실험의 목적을 달성하여 과학적 원리와 개념을 이해하는 순수한 과학적 실험 행위의 성격보다는 교사에게 받은 지시를 성공적으로 구성해내는 결과의 재생산에 가깝다는 사실을 면밀히 살펴보았다. 그럼에도 불구하고 학생들은 과학 탐구실험활동을 단순히 교사의 지시와 지도를 따르는 소극적인 절차의 이행으로만 경험하는 것은 아니었다. 그렇다면 학생들은 어떻게 교사의 지도를 자신들의 활동으로 전환시키는 것일까? 즉, 학생들 개인은 개별화된 맥락으로 서로 다르게 인지한 대상을 어떻게 유사한 학습의 결과로 보여지도록 만들어 가는 것일까?

상황인지와 규칙따름

수업중 교사의 질문 상황

교사는 실험에 앞서 학생들에게 지난 시간에 학습한 내용들과 관련된 몇 가지 질문을 한다. 그리고 자신의 질문에 대하여 손을 들고 대답해보라고 말한다. 잠시후 앞자리에 두 학생이 손을 번쩍 든다. 그러나 대부분의 학생은 교사를 바라보고 있거나, 몇몇 학생은 고개를 숙이고 교과서를 뒤적이기도 하며, 또 몇몇 아이들은 친구들과 낄낄거린다. 그런데 교사는 손을 든 학생이 아닌 그 반대편에 가만히 앉아있던 학생을 지목하여 발표를 시킨다. 잠시 후, 교사는 두 번째 질문을 한다. 이번에도 교사는 직접 손을 들어 보이며 발표해보자고 말한다. 이번에는 처음보다 조금 더 많은 학생이 손을 든다. 그런데 역시나 교사는 손을 들지 않은 학생을 시킨다. 세 번째 질문에는 절반 이상의 학생이 손을 높이 들고 있다. 그러나 교사는 역시나 손을 들지 않은 학생을 지목한다.

수업중 교사의 질문 상황에서 교사와 학생의 행위는 매우 비정상적인 상호작용 과정임에도 불구하고 상호간에 전혀 어색함이 없이 상황이 전개되고 있다. 그렇지만 여기에는 분명 암묵적인 상호작용의 질서가 존재할 것이라는 것을 예측할 수 있다. 아마도 수차례의 경험을 통해 학생들은 이러한 교사의 행동이 단순히 지식의 내용을 묻는 행위가 아니라는 사실을 간파했을 것이다. 교사는 질문을 통해 얼마나 많은 학생이 수업의 내용에 집중하고 있는지 혹은 지난 시간에 학습한 내용을 잊지 않고 있는지를 확인하고자 했을 것이다. 뿐만 아니라, 세 번째 질문까지 이어지는 교사의 행위 방식은 수업에 참여하지 않는 학생들의 주의를 환기시키고자 하는 통제의 목적도 갖고 있었을 것이다. 학생들은 교사가 처음 질문을 하고 손을 들어 발표해보라고 지시했을 때는, 교사의 의도를 정확히 알지 못했거나 아마도 교사의 말을 있는 그대로 받아들였을 것이다. 그래서 첫 번째 질문에 손을 든 학생들은 아마도 질문에 대해 대답을 하고자 하는 학생들이었을 것이다. 그런데 교사는 손을 들지 않은 학생을 시킨다. 여기에서 학생들은 교사의 질문의 의도를 파악했을 것이다. 그리고 이어진 두 번째 질문에서 손을 든 학생들은 교사의 질문에 답을 하고자 했던 학생도 있었겠지만, 교사의 지적을 피하기 위해 손을 든 학생도 있었을 것이다. 그리고 세 번째 질문에서는 아마도 상당수의 학생이 후자의 이유에서 손을 들었을 것이다.

이와 같은 장면은 매우 일상적이고 단순한 교사와 학생들의 상호작용의 상황조차도 맥락적 추론과 탐색의 과정은 필연적으로 존재할 수밖에 없다는 것을 잘 보여준다. 일상에서의 행위를 동기화시키고 그 행위의 의미를 결정짓는 것은 수업중 교사의 질문 상황에서처럼 맥락적 흐름이 내포한 의미의 측면을 추론해 내는 데서 비롯된다. 이러한 맥락적 추론과 탐색은 다음의 학생들이 직접 현미경을 조작하는 실험 상황에서도 찾아볼 수 있다. 이에 앞서 다음은 실제 현미경 조작순서와의 차이를 보이는 교과서에 제시된 현미경의 조작순서이다.

\# 현미경 조작순서
1) 가장 저배율의 대물 렌즈가 경통 바로 아래 중심에 오게 한다.
2) 반사경과 조리개를 조절하여 시야를 밝게 한다.
3) 프레파라트를 재물대 위에 올려 놓는다.
4) 옆에서 보면서 대물렌즈와 프레파라트를 최대한 가깝게 접근시킨다.
5) 조동나사로 상을 찾고 미동나사로 초점을 정확히 맞춘다.

교사의 현미경 조작 상황

교사   : 보이냐? 보이냐? 봐봐. (접안렌즈에 눈을 대보면서) 보이긴 뭐가 보여. 깜깜하고. 하나도 안 보이는데. (아이들보고 비키라고 손짓하며 현미경의 위치를 돌려놓는다) 이거부터 맞춰야지. (반사경을 맞추면서) 잠깐만. 저기요. 이런 거 올려놓는 거 아니에요. (프레파라트를 빼서 보여준다) 파란 거 보는 거예요. 잠깐만. (조동나사를 돌리며 접안렌즈를 통해 현미경을 들여다본다.) 잠깐만. (프레파라트를 움직여본다) 자 이 정도밖에 안보여.
지혜가 렌즈를 돌린다.

그림 5-1

① 반사경을 통해 빛의 양을 조절한다.

② 교사는 조작 도중 재물대 위에 프레파라트가 아닌 식물의 잎이 그대로 올라가 있는 것을 발견한다.

③ 프레파라트의 위치를 조절한다.

④ 교사가 현미경 조작 중에 한 학생이 대물렌즈를 돌려본다.

⑤ 조동나사와 미동나사로 초점을 정확히 맞춘다.

교사　　　: 나와나와. 놔둬. (다시 렌즈를 움직이며 조동나사를 돌린다) 이거 위치가 바뀌었네. (프레파라트를 다시 움직여본다) 개나리는 잘 보여봐야 흐릿하다고.(조동나사를 다시 돌려본다) 렌즈 바꿨냐?

동호(가명): 렌즈 방금 바꿨는데요.

교사　　　: (접안렌즈에 눈을 댄채로 프레파라트를 옮겨가면서) 이거를. 살짝 옮겨가면서… 어! 야! 개나리도 잘 보이는구나! 오케이. 기다려 기다려. 어? 어째 잘보인다했어. (프레파라트를 들여다보고) 이거부터 보면 어떻게. 개나리부터 보라 그랬잖아. 일단 보여줄게. 건들면 또 안보이죠. (프레파라트를 바꾼다) 이거 본 다음에 그럼 이거 봐.

교사의 현미경 조작 상황에서 교사의 현미경 조작방식을 면밀히 살펴보면, 결코 교과서에 제시된 현미경 조작순서와는 엄연히 다르다는 것을 알 수 있다. 물론 교사는 교과서에 제시된 현미경의 조작순서와 방식을 전제로 행위를 이어 나갔을 것임에는 틀림없다. 그러나 결코 교사는 그 절차에 얽매여있지 않다. 교사는 학생들이 조작하는 현미경을 본 순간 직관적으로 문제점을 발견한다. 그리고 가장 시급하다고 생각하는 문제들에 먼저 접근하는 방식으로 현미경을 조작한다. 학생들이 햇빛이 잘 들지 않는 곳에 현미경을 두고 있는 것을 보고 현미경의 위치를 바꾸고 아이들을 비켜서게 한 후, 반사경을 맞춘다. 그리고는 학생들이 재물대 위에 올려둔 식물의 잎을 발견하고는 그것이 아닌 프레파라트를 봐야 하는 것이라고 말한다.

이어서 프레파라트의 위치를 옮겨가며 나사를 조절해 보고, 초점을 맞춰보지만 잘 맞지 않자, 그제서야 렌즈의 상태를 살펴본다. 이처럼 교사가 현미경을 조작하는 순서는 결코 절차에 따라 선형적으로 이루어지지 않는다. 교사는 눈앞에 놓인 상황을 직관적으로 받아들이고 머릿속에 떠오르는 순서에 따라 비선형적이고 동시다발적인 방식으로 조작을 전개해간다. 그 과정에서 교사는 현미경의 조작순서를 생각하기보다는 자신이 기대하는 프레파라트 위의 식물의 모습을 떠올리고 있었을 것이다. 그리고 그러한 목표를 달성하기 위해 가장 효율적인 방식으로 문제를 해결해나가고자 했을 것이다. 따라서 교사의 오랜 경험을 바탕으로 현미경 조작에서 가장 핵심적이라고 생각하는 것부터 수정해나가면서 점차 세부적인 문제들을 해소해나가는 방식으로 현미경을 조작해나갔을 것이다. 만약 교사가 철저하게 교과서의 조작순서를 지키고자 했다 하더라도 아마도 교사는 교과서의 첫 번째 순서를 조작하기 위해서는 이미 흐트러진 현미경의 상태를 재정비해야만 한다. 그렇다면 교사의 현미경 조작순서는 어디에서부터 시작된 것이라고 보아야 할 것인가? 교과서의 현미경 조작순서를 따르기 위해 현미경의 상태를 정돈한 행위들은 현미경 조작순서와는 무관한 부차적 행위에 불과한 것일까?

지식의 구조화인가, 지각의 구조화인가?

이러한 행위의 방식은 탐구수업에서 새로운 개념에 접근하고 그 의미를 이해하기 위한 교사와 학생의 상호작용 방식을 통해서도 발견된다.

엽록소 개념에 접근하기 위한 상호작용 상황

교사: 자, 김민솔(가명). 아까보다 달라진거 얘기해봐

민솔: 어... 아까는 물에 색깔과. 어. 잎의 색깔이. 약간. 물의 색깔은 투명하고.
　　　잎의 색깔은 이랬는데. 지금은... 저... 물의 색깔이..(교사를 쳐다본다)

교사: 색이 빠져나왔죠?

민솔: 예. 색이 빠져나와서 잎이 더 옅어졌고.

교사: 무슨 색으로 바뀌었지?

민솔: 초록색으로..

교사: 그치, 녹색으로 바뀌고, 그래서 다시, 결론은?

민솔: 잎에서 녹색이 빠져나와가지고... 물이 녹색으로 바뀌고, 잎은 옅어졌...

교사: 그래. 이게 뭐야? 이 녹색이 뭐야? 응?

민솔: ...

교사: 엽? 몰라? 엽록?

민솔: 엽록소

교사: 그래. 다같이. 엽. 록. 소.

　　엽록소 개념에 접근하기 위한 상호작용 상황에서 교사와 학생의 상호작용 방식은 순차적인 의미의 주고받음 형태로 이루어지지 않는다. 교사의 말은 대체로 의미가 분명한 형태의 질문 형식으로 이루어지지만, 학생의 경우 완성된 문장의 형태가 아닌 단어 혹은 문장 구조의 순서가 바뀌거나 어미를 생략한 방식의 불완전한 문장의 형태로 이루어진다. 여기에 교사는 학생의 말을 정리하거나 부연하기 위한 목적으로 말이 완전히 끝나기 전에 끼어들어가는 방식으로 대화를 가로채기도 한다. 학생은 이러한 교사의 반응에 따라 점차 교사가 기대하는 의미에 가까운 단어의 형태로 대답을 만들어낸다. 물론 이러한 교사의 교수방식을 '엽록소'라는 개념에 학생이 스스로 접근할 수 있도록 돕는 행위로 해석할 수도

있다. 그러나 이것을 통해 과연 학생이 인지적으로도 엽록소의 개념을 충분히 이해해나가고 있는지 여부는 확인할 수가 없다. 왜냐하면 교사는 학생의 '사고를 구조화'하고 있다기보다는 실험 결과에 대한 '지각을 구조화'시키는 방식으로 현상을 기술하도록 이끌고 있기 때문이다. 즉, 학생의 발화나 행위를 이끌어낸 다는 것이 결코 교사의 인지적 구조가 학생의 인지적 구조와 합치되었다는 것을 의미한다는 것은 아니라는 사실이다.

다시 말해서, 교사는 중탕을 통해 식물의 잎을 가열한 후, 녹색으로 변한 물의 색을 보여주며 그것이 엽록소라는 사실을 알려주고자 하고 있지만, 학생 입장에서는 단순히 현상에 대해 지각한 사실에 답을 하고 있는 과정일 수 있다는 것이다. 따라서 학생의 행위는 어떠한 개념을 이해하기 위한 과정이 아닌 교사의 질문에 대한 임시방편적인 대답으로서 의미에 그칠 가능성이 크다. 물론 학생이 추후에 교사의 질문과 본인이 지각한 사실들을 재구조화하는 과정을 통하여 엽록소에 의미를 상기시키고 이해할 수 있지만, 그것은 <mark>엽록소 개념에 접근하기 위한 상호작용 상황</mark>의 장면을 벗어난 행위 이후의 사고 과정에서 비롯된 것이라고 볼 수 있다.

앞서 제시한 세 가지 상황에 대한 분석은 학습의 과정과 절차가 갖는 맥락적이고 실천적인 속성에 대한 새로운 이해의 관점을 제시하고 있다. 상황에 대한 인지와 해석의 개별화된 속성들이 얼마나 그러한 상황을 다루는 방식에서도 차이를 가져오는지, 또한 결국 그러한 차이가 학습에 대한 새로운 이해의 관점을 요청하는지를 확인할 수 있다. 여기에서는 앞서 제시한 세 가지 상황을 바탕으로 이러한 맥락주의 패러다임에서의 학습의 속성을 다음과 같이 정리해보았다.

- 학습의 과정이란 매 순간 맥락적 변수들에 즉각적인 추론과 애씀으로 문제를 해소시켜나가는 비순차적이고 비논리적인 과정이다.
- 학습은 생성적이고 일회적인 상황들의 전개 과정 속에서 이를 전후 연관성으로 맥락화하는 가운데 성취된다.

즉각적 추론과 애씀으로서 사후수정성(ad hoc)

앞서 제시된 세 가지 상황은 모두 일상적으로 만나게 되는 다양한 맥락적 변수들을 처리해가는 장면이다. 일상의 대부분의 문제들은 문제를 해결하는 과정에서 예측할 수 없는 변수들을 만나게 되며 우리의 인지적 능력은 언제나 불완전하기 때문에 이러한 변수들을 모두 예견해낼 수는 없다. 수업중 교사의 질문 상황에서 교사의 질문의 의도를 파악하고 행위의 방식을 결정하기까지 학생들에게 필요한 능력은 결코 높은 지적 수준도 아니고, 교사의 질문에 대한 정확한 답도 아니다. 사실상 이러한 상황은 흔히 우리가 '눈치' 혹은 '센스'라고 일컫는, 해당 상황을 읽어내는 능력이 필요한 장면이다. 교사의 현미경 조작 상황에서도 학생이 렌즈를 돌린다거나, 프레파라트가 다른 종류였다거나 하는 상황처럼 교사가 전혀 예측하지 못한 상황들이 발생할 수 있다. 이러한 상황은 애초의 계획과는 전혀 다른 방향으로 상황을 이끌어 갈 수도 있으며, 이러한 변수들은 상황이 전개되는 과정에서 동시다발적으로 수정, 보완하면서 기대하는 결과를 향해 일사불란하게 조정해야만 한다. 즉, 현미경 조작이라는 과정은 이론적으로 배우고 익힌 현미경 조작순서라는 인지적 측면에 앞서 지금 어떠한 행위가 가해져야만 하는지를 읽어내고 거기에 필요한 조작을 가할 줄 아는 상황에 대한 판단 능력이 선결되어야 한다.

엽록소 개념에 접근하기 위한 상호작용 상황에서도 학생은 교사의 질문의 의도 가운데서 지식의 내용을 이해하고 학습하는 것에 앞서, 해당 수업 상황의 질서를 유지시키기 위한 질의응답의 행위가 선행될 수밖에 없다. 다시 말해서, 과학탐구수업에서의 문제해결은 조금만 면밀히 들여다보면 매우 비합리적이라고 여겨질 정도로 즉흥적인 모습을 보인다. 이는 학교학습으로서 수업 역시 교사와 학생의 일상성과 맞물려 돌아가는 삶의 한 장면이기 때문이다. 교사와 학생의 활동 과정은 과학 수업의 목적이라는 전체적인 윤곽으로써 하나의 개연성을 갖고 전개되어간다고 여기기 쉽지만, 사실은 이러한 목적 자체도 개인의 이해와 기대에 따라 다를 수 있다. 다시 말해서, 수업 과정에서의 매우 부분적인 문제들, 수업의 목적을 달성하기 위한 과정에서의 매우 부차적이고 사소한 일들로 여겨지는 문제들이 탐구수업의 전 과정에서 끊임없이 발생하며 전체와 부분을 견주어가는 맥락적 추론과 탐색을 요구한다.

결국 과학탐구수업에서의 문제해결 방식은 머릿속의 계획이나 논리적 순서나 절차에 의한 것이 아닌, 맥락을 살펴가며 맥락을 구조화해나가는 일상의 문제해결과정으로 구체화된다. 사실상 위의 분석은 오히려 이러한 주변적 행위들이 그 행위가 그 행위로 있을 수 있도록 해준 측면이라는 사실을 보여준다. 교사가 손을 안 든 학생에게 발표를 시키는 행위, 뒤죽박죽이 된 현미경 조작의 순서, 정확한 개념을 모르고 대답하는 학생의 행위, 이 모든 비합리적으로 여겨지는 행위들조차도 그 상황 안에 참여한 구성원들에게는 충분히 합리적이고 그럴만한 이유가 존재하는 행위들이기 때문이다.

일상적 맥락의 연쇄사슬

일상의 상호작용은 행위의 앞뒤 전개과정을 통해 즉각적으로 다음의 행위를 동기화시키고 행위의 애매모호한 의미들을 결정지어 가는 방식으로 전개된다. 현장 상황 안에서 일어나는 일과 그 일에서 기대하는 바는 서로 불가분의 상태로 전개되어 간다. 예컨대, 앞서 제시한 세 가지 상황은 그들의 과학탐구활동이 고차원적인 사고의 과정이기 이전에 실제적인 일상의 일처럼 처리되고 있다는 사실, 곧 탐구의 일상성이 무엇인지 잘 보여주는 예이다. 여기에서 탐구활동이 실제적인 성격의 일로 일어난다는 것은 탐구활동이 그 현장 안에서, 그 현장의 일로서, 그 현장의 전개과정으로 나타난다는 것을 의미한다.

학생들의 과학탐구활동에서 추론은 '지식'을 향한 궁리라고 보기에는 상황 내 변수라면 뭐든지 처리해나가는 너무도 실제적인 성격을 띤다(손민호, 조현영, 2014). 이와 같은 과학적인 방법론의 존재 가능성에 관한 회의적인 태도에 관해서 과학철학자 파이어아벤트(Feyerabend, 1975)는 '어떤 방법이든 상관없는 실제적 관심의 추론'('anything goes' inference)이라고 일컫기도 하였다. 즉, 매 순간 행해지는 추론과 행위는 그 순간 행위자를 둘러싼 인식의 지평 안에서 가장 합리적인 방식으로 선택되어지며, 그 행위가 유발할 결과에 대해서는 어떠한 명확한 예측과 추론도 불가능하다는 것이다.

예컨대, 수업중 교사의 질문 상황에서 학생들이 교사의 의도를 파악한다는 것은 상황이 전개되어 감에 따라 사후에 앞서 일어난 행위들이 의미를 갖게 되는 것일 뿐, 사실상 매 순간의 행위들에 대한 추론은 상황의 애매모호함 속에서 짐작과 예측을 통해 불확정적인 의미를 띨 뿐이다. 교사의 현미경 조작 상황 역시 매 순간의 현미경 조작 행위는 다음에 이어질 행위와 연관성을 맺을 때에만 의미있는 조작 행위로 여겨질 뿐, 사실상 각각의 행위 자체는 어떠한 완결된 의미를 함축할 수 없다. 엽록소 개념에 접근하기 위한 상호작용 상황에서도 민솔이는 교사의 질문에 자신의 생각이나 전달할 말의 내용을 정리하지 못한 채, 떠오르는 말들을 두서없이 꺼내놓는다. 그리고 교사의 반응과 질문을 살피면서 자신의 생각을 정리해 나간다.

이처럼 교사와 학생 사이의 상호작용의 과정이 어떠한 질서를 형성하거나 개념을 전달하기 위한 교수학습의 과정으로 의미를 갖는 것은 그것에 의미를 부여하고자 하는 순간에 하나의 연관성을 만들어내며 각각의 사건들이 의미로써 덧입혀지는 것이다. 즉, 행위의 결과는 논리적이고 절차적인 인식의 흐름과 더불어 상황 내 변수들을 처리하는 즉각적이고 즉흥적인 행위들에 의한 것으로, 이러한 행위의 의미는 결국 사후에 그것을 이해하고 바라보는 관점에 의해서만 의미가 생성될 뿐, 그것 자체가 갖고 있는 인과적인 속성은 존재할 수가 없다.

이는 탐구수업활동에서 교사는 같은 수업의 내용도 그 날의 환경적 변수들에 따라서 매번 다르게 전달할 수밖에 없으며, 학생들 역시 매번 다르게 받아들이고 다르게 추론해가면서 경험할 수밖에 없음을 의미한다. 이것은 수업 상황은 직접 그 상황에 대면해서 상호간의 행위를 주고받는 전개 과정 안에서 순간적으로 판단하고 조치를 취해야만 하는 실제적인 일이기 때문이다. 결국 과학탐구실험 수업을 통해 학생들이 경험하는 문제해결의 과정이란 그들이 대면하고 있는 직접적인 맥락으로써 수업의 상황과 결부되어, 상호작용의 전개과정에서 눈앞에 놓인 맥락적 변수들을 처리해나가는 추론 과정의 연속이다. 여기에서 과학 실험과 교육의 내용은 수업의 목표로 이해하기보다는 상황을 추론해나가고 탐색해나가는 데 활용되는 하나의 소재로써 학생들에게 활동의 한 측면으로 경험되는 것이라고 보는 것이 총체적인 의미에서의 학습을 바라보는 관점의 취지와 더 가까운 해석일 것이다.

이상의 내용은 학습의 과정과 동시에 일회적이고 유동적인 상황의 경험이 어떻게 학습의 내용으로 작용할 수 있는지 보여준다. 학습은 교과서나 텍스트로 존재하는 고정적인 지식의 형식으로서 존재하는 것일 뿐만 아니라, 그것들을 다루는 실천적인 행위들로 존재하기도 한다. 그러나 결국 그것이 하나의 완결된 수행으로 드러나기 위해서는 개별적인 행위자들의 참여와 실천으로 생성하는 일련의 맥락적 흐름이라는 생명력이 부여되어야 한다.

학습을 위한 상황에서 상황에 대한 학습으로

학습자 중심 혹은 맥락적 교수 설계 등에 대한 관심의 일환으로 맥락주의 학습이론은 소위 '상황학습'으로 불리며 학습의 새로운 패러다임으로 평가받고 있다. 그럼에도 불구하고 맥락주의 학습이론은 '상황' 개념이 갖는 일원론적 설명 방식이 갖는 모호함과 난해함으로 인해 그에 대한 이론적 논의들이 현장의 교육 설계에 괄목할 만한 변화를 주지 못하고 있는 실정이다. 앞서 제시한 상황들은 이러한 개념적 난해함에 대한 이해를 돕고, 실제 수업 사례를 통하여 맥락주의 패러다임에서의 학습에 대한 재이해와 교수 학습 설계에서 고려해야 할 요건들에 관하여 고민해 보고자 하였다.

또한 이러한 맥락성의 개념을 설명하기 위하여 현상을 체화된(embodied) 상태 그대로 보고자 하는 후기 현상학적 이해 방식으로서 민속방법론적 방식에 기대어 설명하였다. 이는 설사 과학적 탐구의 과정으로 실험에 임하는 학생의 경우에도 그것을 해결해나가는 방식은 결코 일상성에서 자유로울 수 없기 때문이다. 그것은 학습의 과정이란 결코 지식의 전달이나 전이의 문제가 아닌 실천적인 행위의 방식으로 드러날 수밖에 없으며 개개인에게 닥친 복잡한 환경적 변수를 구체적이고 즉각적으로 처리해나가는 방식으로 개별화되어 경험되기 때문이다. 즉, 교사의 교수행위는 학습의 진로를 구성하고 행위에 의미를 부여해주는 학습의 설계로서 역할을 할 수는 있지만, 실제로 그 탐구 활동을 경험하는 것은 학생 그 자신이며 학생 개인이 그 수업을 통해 기대하는 바가 일상의 맥락과 맞물려 활동의 전 과정에 영향을 미치며 행위를 구조화해 나가는 것이기 때문이다.

앞서 제시한 과학탐구수업의 과정은 학생들이 활동을 통해 경험하는 지식의 측면이 맥락적 추론과 탐색의 과정이라는 사실을 잘 보여준다. 이는 실제 학습의 과정인 교사와 학생의 수업 장면에서 마주하는 실재적 맥락의 중요성을 상기시킨다. 그러나 지식이 맥락에 분산 편재되어 있다는 점은 기존의 학습이론들이 취하는 '학습환경으로서의 맥락'의 가정과는 사뭇 다르다. 맥락주의 패러다임에서의 학습을 이해하는 것은 결국 '맥락'이 단순히 환경으로가 아닌 학습의 콘텐츠로서 학습자에게 어떻게 인지되는지, 또한 맥락을 재구성하고 의미화하는 개인의 심리적 계열로서의 학습절차는 어떠한 차이를 갖는지 보여준다.

맥락주의 패러다임에서의 학습이란 결국 맥락에 대한 인식과 운용 과정 그 자체를 의미한다. 여기에서 맥락에 대한 인식은 객관적이고 물리적인 환경으로서의 학습의 맥락이 아닌, 학습자의 정서적 맥락을 의미한다. 따라서 학습을 유발하고 학습의 내용으로서 학습자에게 인식되어지는 대상은 결코 교수자의 학습 설계나 학습자 개인의 학습 의욕이나 동기와 같은 심리적이고 인지적인 자기 조절 능력에서만 야기된 것은 아니다. 학습의 장면은 교수자와 학습자의 지식의 공유뿐만 아니라, 정서적 공감이라는 경험 또한 중요한 측면으로 작용한다. 물론, 맥락적 정서란 시간의 흐름 가운데 함께 공유한 맥락들에 근거한 것이므로, 학습은 필연적으로 시간성으로부터 자유로울 수 없음을 의미한다. 뿐만 아니라, 맥락에 대한 인식은 나와 대상의 일대일 상호작용이 아닌, 복잡하게 중첩된 맥락으로서의 대상들 가운데 자신의 역할과 의미를 찾아가는 과정이다. 다시 말해서 수업상황이라는 물리적으로 동일한 맥락이나 환경에의 참여 그 자체가 동일한 학습의 결과를 의미하는 것은 아니라는 것이다. 오히려 동일한 맥락에서의 학습은 협상과 타협이라는 사고와 행위의 조율을 전제로 할 수밖에 없다. 즉, 함께 수행해나간다는 것은 결국 동일한 일을 수행하는 것이 아닌, 동일한 일을 하기 위해 역할을 분업해나가는 맥락적 조율 능력을 키워나가는 과정이다.

맥락주의 패러다임이 교수 학습 설계에 주는 또 하나의 함의가 있다면 그것은 학습자의 실제 학습의 순서로서 학습을 경험하는 심리적 계열과 실제 학습의 논리적 계열성이 어떠한 차이를 갖는지를 보여주는 것이다. 학습자의 상황 인지라는 측면에서 전언한 바와 같이, 개별 학습자의 상황 인지는 차이를 나타낼 수밖에 없으며, 이러한 차이는 학습을 위한 지식을 계열화하는 순서에도 차이를 유발한다. 즉, 교수자가 전달하고자 의도한 순서와 절차는 학습자의 심리적 계열성과의 차이 이외에도 학습 과정에서의 변수들과 맞물려 학습자의 맥락 운용이라는 실천적인 능동성을 요구한다. 이것은 학생들에게 학습활동이 단순한 지시와 지시따름이라는 수동적 학습 행위가 아님을 의미한다. 학습이란 대상이 가진 이론적, 선험적 지식을 논리적이고 순차적으로 습득해나가는 것이 아니라 그것이 활용되는 맥락에서 그것이 의미를 가질 수 있도록 조율하고 배치해나가는 과정이다. 그리고 맥락의 흐름이라는 유기체와 환경의 상호작용 가운데 즉흥적으로 때론 비합리적이라고 여겨질 만큼 비순차적인 순서에 의해 의미를 창출해낸다. 그리고 사실상 그러한 조율과 배치의 과정은 문제해결의 예외적이고 임기응변적인 방식이 아닌 그 대상이 갖고 있는 의미를 확장해나가는 학습 그 자체와 다름없다. 다시 말해서, 학습자가 인지하는 학습의 과정은 결코 물리적 시간의 흐름에 따라 문제를 선형적으로 인식하고 해결하는 순차적 과정이 아닌, 맥락을 인지하고 이에 따라 주관적으로 상정한 문제들을 일의 전후맥락으로 순환적으로 인식하는 즉각적 문제 해소의 과정이다.

실제 일상에서 부딪치는 문제를 두고 해결해가는 방식들을 보면 정해진 하나의 해법이나 규칙에 의존할 수 없는 경우가 더 많다. 비트겐슈타인(Wittgenstein)은 이러한 문제해결의 속성에 대하여 '규칙 회의주의'라는 비판의 논리를 제시하기도 하였다(Lynch, 1993). 사실 학교 학습에서의 문제해결은 일상의 문제해결과 일면 유사한 속성을 갖고 있다. 지금껏 학교 학습을 이원론적 논리에 근거한 교수학습 설계의 틀로서 바라본 학습의 원리는 수업을 삶의 맥락과는 괴리를 띨 수밖에 없는 가상의 실험실 상황으로 만들었다. 수업은 정제된 지식의 구조를 소재로 다루는 학습의 맥락임과 동시에 학교 구성원들의 일상적 실천의 상황이다. 학습을 실천의 양상으로 바라보는 이러한 이해의 관점은 학습자들에게 실제적인 맥락으로서 의미있는 학습의 장면을 설계할 수 있도록 해 줄 것이다. 이러한 학습을 이해하고 바라보는 새로운 관점은 삶의 영역으로서 학습의 장을 설계할 새로운 논리가 되어줄 것이다.

제6장

컨텍스트기반 교수설계

06

컨텍스트기반 교수설계

탈맥락주의 상황학습설계와 한계

상황기반학습의 탈맥락적 설계

상황학습론은 학습이론이다. 학습이론은 경험에 대한 이해에 토대를 두고 있으며 따라서 교수설계이론은 이러한 이해에 기반하되 처방적 관점에서 이를 적절히 응용해야 한다. 그동안 상황학습론을 반영한 교수설계이론으로는 다양한 모형들이 소개된 바 있다. 인지적 도제이론, 앵커드 교수이론, 지적 유연성 이론 등 다양한 사회구성주의 교수이론이 상황기반 교수이론과 큰 줄기를 함께 하고 있다.

상황학습기반 교수학습의 설계 방식은 다음과 같은 특징을 나타낸다.

첫째, 상황학습에서의 상황이란 지식의 적용을 위한 다양한 학습의 외적인 환경과 맥락이다. 따라서 교사와 학습자, 과제, 수업상황 등의 변인들은 상황의 요소들로 세분화하여 그것들의 복잡성과 실제성을 어떻게 맥락에 반영시킬 수 있을지에 대하여 고민한다. 이러한 관점에서는 인위적으로 고안된 단순한 과제가 아닌 복잡하고 다양한 실제적 현실 세계와 같은 맥락의 중요성을 강조한다. 따라서 교실과 같은 학습의 장면이라는 제한된 환경 속에서도 가급적 지식이나 기능이 사용되는 실제적인 맥락을 함께 제시하는 것을 통하여 학습자들이 비구조화된 문제, 답이 없는 열린 문제들을 경험할 수 있도록 설계한다.

둘째, 지식이나 기술이 적용되는 맥락으로서 상황을 전제로 하는 상황기반 수업의 설계는 단계별 절차에 따른 학습의 과정으로 설계 가능하다고 본다. 이러한 설계안들은 대체로 문제해결을 위한 합리적 사고의 과정으로 학습목표의 설정과 변인에 대한 분석에 따른 계획하기 단계, 지식의 내용이나 구조적 측면에 따른 구체화하기 단계, 구체적 지도나 활동을 통한 문제해결 과정에 참여하는 실천하기 단계, 문제해결 방식에 대한 공유와 평가, 피드백의 단계로 이루어져 있다.

셋째, 상황기반 수업의 설계는 학습자 중심의 수업을 목적으로 한다. 상황기반 수업을 실시할 경우, 학생들의 수업 참여가 활발해지고 이와 함께 학생들의 능동성이 커지며, 교사의 수업 참여 방식도 달라진다. 이러한 설계에서 교수자의 역할은 학습자들에게 지식을 적용시키는 다양한 맥락을 제공해주는 것이며, 학습자들은 이러한 맥락을 능동적이고 적극적으로 경험해나감으로써 스스로 재구성해나가는 것이 중요하다. 이러한 학습 설계의 대표적인 예로서 문제기반학습, 프로젝트 학습, 협력학습, 시뮬레이션 학습 등의 방식을 통해 제시되곤 한다. 이러한 경우 대부분 다양한 문제 상황을 기반으로 한 학습(Problem-based learning: PBL)의 환경을 학습자의 능동적이고 자기주도적인 태도를 바탕으로 경험하고 이를 통해 문제해결력이나 창의성, 감수성 등과 같은 고등정신기능의 함양을 목적으로 한다.

결국 이러한 관점에서의 상황기반 수업의 설계는 지식이나 기능을 인지적인 측면에 국한시켜 추상적으로 이해하는 것을 넘어서 실제로 특정 맥락에 적용하는 구체적이고 다양한 사례에 적용시켜 봄으로써, 지식의 전달이라는 교수자 중심의 수업에서 벗어나 삶의 맥락과 괴리되지 않는 실제적인 문제를 제공함으로써 학습자가 자기 주도적으로 학습을 구성해내도록 하여 능동적인 문제해결력을 기르는 데 도움을 줄 수 있도록 한다.

학습조직화 전략과 실천공동체

상황학습에 기반한 교수모형으로서 '사회적 참여'를 강조하는 관점을 들 수 있다. 이는 '해석적 관점(interpretive view)'이라고도 정의하기도 한다(Lave, 1993). 이러한 관점은 학습자의 사회적 참여과정을 학습으로 보는데, 이는 주체와 사회적 세계의 교섭에 의하여 생성되는 사회적 양식이 학습의 대상이며, 이것이 사회적 교섭을 통해 습득되는 것을 상황학습이라고 보았다. 이러한 관점은 상황학습에 대한 또 다른 이론인 실천공동체(CoP)론에서 찾아볼 수 있다.

'실천공동체'는 구성주의 개념이나 상황학습에서의 참여 방식을 설명하기 위한 하나의 개념적 도구로 제시되었다(Lave & Wenger, 1991). 실천공동체는 관심의 영역을 공유한 구성원들 사이에 형성된 관계를 바탕으로 특정한 실천 양식을 공유한 사람들의 집단을 의미한다. 예컨대, 매뉴얼, 표준 작동 절차, 혹은 공식적으로 배운 것들을 참고할 수 없었던 제록스 복사기 정비사들에 대한 연구는 집단 내에서 지식은 전수되는 것이 아니라 함께 구성해 가는 것임을 보여주고 있다. 신참들은 기계를 수리하는 동안 나누는 이야기들 안에서 자연스럽게 고참들에게 축적된 노하우들을 배워나가게 된다(Orr, 1990).

이러한 관점은 전문가 또는 고참들이 생성한 지식을 학습자 또는 신참들에게 전수한다는 교수자 중심적인(instructive) 이해에 대해 정면으로 반박하고 있다. 즉, 학습의 대상이자 분석의 단위로서 지식이란 개인의 머릿속이 아닌 공동체 구성원들이 공유하는 실천의 양식이라는 점을 강조한다. 이와 관련하여, 콘스탄트(Constant, 1987)는 '실천'과 '공동체'의 조합이 지식을 설명하는 최소 단위라고 주장한 바 있다. 그는 실천을 위한 공동체가 지식 연구의 타당한 분석 단위가 될 수 있음을 설명하며, 이를 위하여 고려해야 할 세 가지로 지식의 소유자로서 회사 혹은 조직, 사회 기술적 시스템, 문화적 지식을 제시한다. 이러한 공동체의 실천의 성격을 규정하는 요인들은 공동체의 실제적 맥락을 구성하면서 지식은 공동체 내에서의 실천과 동일시된다. 레이브와 웽거(Lave & Wenger, 1991) 역시 실천공동체는 '지식의 존재를 위한 내적 조건'이라고 언급한 바 있다. 이러한 논의들은 실천공동체에의 참여 그 자체를 실천양식의 습득으로서 필수불가결한 맥락적 학습이라고 해석한다. 즉, 공동체의 구성원들이 형성하고 있는 실천의 양식이나 활동의 체계가 존재하며 이는 공동체에 참여함으로써 한 개인에게 전 수될 수 있다고 보는 것이다.

실천공동체에 관한 이러한 논의는 시간이 지남에 따라, 설명적인 모델에서 처방적인 모델로 진화해왔다. 이러한 변화는 상황학습의 논의들이 제도적 차원 의 논의들로 활용되어 감에 따라 이론적 논의를 넘어서 지식을 관리하고 확산시 키기 위한 실질적인 처방의 한 가지 양식으로 기대됨에 따라 비롯된 현상이다. 그리고 이러한 요구는 경험과 참여라는 실천의 양식이 무엇일지에 대한 논의로 이어졌으며, 이것은 참여의 양식을 모델링하고 현장에 확산시킬 수 있는 제도화 의 작업들로 귀결되어 왔다. 이러한 논의들은 학교뿐만 아니라, 일터 학습이나 조직학습, 인적자원개발 등의 영역에서 주로 다루어지면서 지식의 창출과 확산 을 다루는 다양한 분야에서 활용되었다.

실천공동체의 개념이 이처럼 확장되어 사용됨에 따라, 그 개념은 종종 두 가 지 방식으로 변형되어 활용되었다. 첫째는, 공동체의 조직자들의 상호작용 과정 에서 자연스럽게 나타나는 본질적인 현상을 명시적으로 만들어 내고 발전시키 는 것이며, 둘째는, 실천공동체의 인류학적이고 사회적 측면들에서 벗어나 외적 표상들과 명시적 규칙들을 통해 실천공동체가 조성되도록 하는 것이다. 이 역시 실천공동체가 교수적 전략으로 활용되어 감에 따른 변화들이라고 볼 수 있다. 이러한 실천공동체의 개념은 '지식네트워크', '학습공동체' 등의 용어로 혼용되어 사용되기도 하는데, 이러한 개념들을 뒷받침하기 위한 공동체의 특성으로 '연결 성(connectivity)'과 '제도화(institutionalization)'라는 두 차원을 제시한다(Andriessen, 2005).

이처럼 실천공동체에 관한 기존의 연구들은 그 범주에 다소간 차이를 보이 더라도, 학습의 과정이 일어나는데 공동체라는 실체가 필요하다는 사실에 주목 한다. 따라서 이러한 연구들은 실체화된 대상으로서 실천공동체의 구성요소와 각 요소들 간의 관계를 변인으로 설정하여 관련 관계를 분석하는 데 집중한다. 즉, 상황학습을 위한 매개물로서 실천공동체를 상정하고 이를 통해 지식을 확산시키고 활성화시킬 수 있을지에 대한 방안들에 관심을 두고 있다.

인지주의와 상황의 설계

상황학습론은 학습자들에게 실제적인(authentic) 학습의 경험을 위한 맥락적 지식을 제공하기 위하여 '상황'은 지식을 전달하기 위한 부차적이고 주변적인 학습의 요인이 아닌 '지식'의 내재적 조건으로 다루어진다. 다시 말해서, 상황학습론에서 '상황'은 객관적으로 주어진 장소나 시간이 아닌, 참여자들의 인식으로 드러나고 인식에 영향을 미치는 일상적으로 구조화된 생활공간을 의미한다. 이러한 관점에서 지식이나 기억은 사람의 머릿속이나 신체내부에 존재하는 인지적 대상이 아닌, 환경 안에 통합되어 지각되는 총체적 대상이다. 그러므로 지식은 구체적인 맥락을 근거로 구현되며 의미를 갖게 된다. 따라서 학습은 단순히 지식을 받아들이는 것만이 아닌, 개인이 그 지식을 사용하는 맥락 가운데 매우 구체화된 상황들에 기대어 의미를 부여하는 과정이다. 이것은 결국 상황학습에서는 추상적인 지식과 구체화된 경험의 통합이라는 맥락적 지식을 강조하고 있다는 것을 의미한다.

그럼에도 불구하고, 앞선 두 가지 관점은 여전히 '지식'이라는 인지적 사유의 산물을 학습의 대상으로 삼고 있다. 여기에서 '상황'이란 인지심리학적 이해 방식을 기반으로 형식도야론이나 학습전이론 등에서 상정하고 있는 전제를 암묵적으로 받아들이고 있다는 점이다. 이러한 접근에서 학습이란 개인 내적 사고의 과정이며 그 외의 맥락적 요인들은 그것들에 영향을 미치는 외생적인 변인들로 간주되곤 한다. 결국 이러한 전제는 상황이란 통제하거나 설계 가능한 영역으로 상정되어 문제해결의 과정을 선형적으로 단순화시켜 설계하도록 하는 오류를 범하게 한다. 이것은 문제의 실제성과 복잡성을 강조하는 상황학습의 기본적인 취지와는 상충될 수밖에 없는 논리적 모순을 야기시킨다. 뿐만 아니라, 이러한 전제는 학습의 결과 습득하게 되는 능력을 기억이나 지각, 상상, 추리 등과 같은 일반적 능력으로 환원 가능하다고 상정함으로써, 전통적인 지식 전달 위주의 수업에 대한 비판적 관점이라는 이념적 역할을 넘어설 수 없다는 한계를 보여준다.

두 번째로 지적할 수 있는 문제점은 상황학습을 위한 참여를 타자와의 상호작용이라고 한정지어 이를 위한 매개물을 상정하고 있다는 점이다. 학습의 공동체와 같은 학습의 네트워크, 협동적 참여 등을 강조하는 연구들은 대체로 이러한 관점들을 기반한 것이라고 볼 수 있다. 이러한 관점에서는 지식의 창출과 재생산에는 사회적 참여의 과정이 반드시 수반되어야 한다고 본다. 예컨대, 실천을 상황학습의 일환으로 보는 실천공동체에 관한 연구들은 실천공동체가 제도적인 경계를 갖는 조직을 의미하는 것은 아니며, 같은 공간에 함께 존재하는 집단이라고 정의내릴 수도 없다. 그럼에도 불구하고, 공동체 내에 공동체가 지닌 지식이나 실천의 양식이 존재하며 이를 분석하여 추출해내기를 시도한다. 따라서 실천공동체의 특성으로 제시하는 '공동업무', '공동자산', '실천'이라는 세 가지 구성요소와 '호혜적 관여'라는 하위 요소들의 특징들을 분절적으로 분석하고 각각의 요인들 간의 관련 관계를 분석하는 등 공동체의 암묵지를 명시화할 수 있다고 여긴다.

이러한 실천공동체에 대한 이해방식은 학습의 요인이나 변수들에 대한 해석을 제공한다는 데에는 의의가 있을 수 있지만, 실제로 맥락화된 학습이 갖는 역동적인 학습의 장면을 평면적인 분석의 틀에 한정시켜 이해함에 따라 필연적으로 현상에 대한 피상적 이해에 그칠 수밖에 없다는 한계를 갖는다. 즉, 상황학습에 대한 해석적 관점으로서 제시한 이론적 개념들이 그것을 모델링하여 설계하는 관점으로 처방되고 고착화되어 버리면 그것은 다양한 실천의 장면들을 하나의 구조화된 학습의 체계로 단순화시켜 이해하도록 만든다. 그 결과 실천에 대한 분석과 디자인은 흔적을 감춘 채 공동체라는 매개 기제에 대한 분석과 디자인만 다룬다.

다음은 상황학습 기반 교수설계의 전형적인 예로서, 학교 학습에서의 문제기반학습의 교수설계이다.

이러한 교수설계는 학습목표인 회전체를 이해하기 위하여 참여를 위한 학습의 상황으로서 병의 디자인이라는 문제해결과정을 통해 동원한다. 그런데 여기에서 교수설계는 활동의 내용과 활동의 소요 시간을 제시하는 것 이상의 것을 제공하고 있지는 않다. 그런데 과연 위와 같은 병의 디자인이라는 교수학습 활동이 회전체의 이해라는 교수목표의 달성으로 자연스럽게 이어질 수 있을까? 또

표 6-1

○ 단원: 2. 원기둥과 원뿔
○ 주제: 회전체 및 회전체의 단면 알아보기(4~5차시)
○ 학습목표: 회전체 및 회전체의 단면을 이해할 수 있다.

학습과정	교수·학습 활동	시간
상황 인지 및 문제 파악	• 상황 제시하기: 다양한 음료수 병의 디자인을 보여주고, 새로 출시되는 음료수 병 디자인 공모에 자신의 디자인 출품하기 • 문제확인하기: 공모전에 출품할 병의 디자인 조건 및 공모전 출품 양식 확인하기	10분
문제해결 방안 탐색	• 문제해결 방안 탐색하기: 해결해야 하는 문제를 확인하고 모둠별로 문제를 해결하기 위한 절차 모색하여 문제해결 방법 찾기	20분
문제해결	• 문제해결하기: 모둠별로 공모전 출품 양식에 따라 디자인과 모형 발표하기 • 개념 확인하기: 병의 디자인의 앞, 뒤, 옆면 그림 중에서 회전체의 단면에 속하는 것이 무엇인지 찾아보고, 회전체의 단면이 무엇인지 이해하기	35분
피드백	• 피드백하기: 내가 만든 병에 대해 장점을 살려 발표하며, 다른 사람이 만든 병의 장단점을 찾아보거나, 잘못된 점을 찾아 고치기	15분

한 기존의 전통적인 지식 전달이라는 수업 방식이 아닌, 위와 같은 직접 참여 활동이 수반된 학습이 상황학습의 본래 취지를 구현하도록 하는 전제가 될 수 있을까? 이러한 물음들은 수업의 질과 학습자의 학습경험을 결정하는 것은 결코 거시적인 맥락의 제공이 아니라는 점을 상기시킨다. 다시 말해서, 이러한 기존 교수설계는 수업을 통해 교수자가 의도한 학습목표에 도달하기 위해서는 거시적인 맥락으로서 수업 상황을 제시하는 것 이상의 학습을 유도하는 미시적 교수설계가 필요함을 시사한다.

위의 교수설계가 하나의 상황학습 기반 수업설계가 되기 위해서는 학습의 단위로서 실천이라는 개념의 속성을 이해하고 미시적인 교수설계에 반영하고 고려해야 할 실천의 원리를 숙고할 필요가 있다. 따라서 본 논의에서는 이러한 상황학습 기반 설계를 위한 원리를 제시하기 위하여 상황학습의 학습의 단위로서 실천의 의미와 이러한 실천이 갖는 두 가지 속성으로서 '비매개적인 행위의 직접성(unmediated direct-actions)'과 '비선형적 시계열성(non linear temporality)'에 대하여 설명하고자 한다. 이 두 가지 논의에서 전자는 상황학습에서 학습의 내용 혹은 대상으로서 학습자의 상황성이 갖는 의미의 측면에 대한 설명일 것이며, 후자는 학습의 방법이나 순서에 대한 설명이 될 것이다.

프랙티스로서의 상황학습

실천주의의 관점으로서 상황학습에 대한 논의에 앞서, 실천(practice)이 갖는 일반적 의미를 이해하는 것은 기존의 상황학습론이 갖는 한계와 대안적 관점으로서 실천의 관점이 갖는 의미에 대한 교량으로서 역할을 할 수 있을 것이다. 먼저, 사전적 의미에서 실천이란 생각한 바를 실제로 행하는 것이라고 정의한다. 또한 영어로 프랙티스(practice)는 '연습 혹은 실습하다.'라는 의미를 갖기도 한다. 이러한 사전적 의미와 크게 다르지 않게 일반적인 의미의 실천 역시 지식이나 관념, 생각이나 계획을 행위로 옮기는 과정으로 여겨진다. 또한 실천은 연습의 의미도 띠고 있어서, 예컨대 피아노 연습에 관해 떠올려본다면, 그것은 연주하고자 하는 곡을 수차례 반복적으로 몸에 익힘으로써 지식을 체화시키는 과정으로 생각할 수 있다.

한편 지식이나 학습 더 나아가 사회 세계 또는 문화 모두 실천의 산물이라고 보는 관점을 총칭해서 실천이론이라고 한다(Nicolini, 2012; Schatzki, 2001). 실천이론으로 분류되는 각 이론들은 여기서 일일이 언급하기 어려울 정도로 광범위하고 각 이론에서 드러내는 실천의 의미는 동일하지 않다. 그렇지만 대체로 몸과 마음, 객체와 텍스트, 에이전시와 시스템, 이론과 행위가 함께 어우러져 이루어지는 인간사의 양상을 가리킨다. 다양한 의미들 가운데 상황학습론과 관련해서 실천의 특성을 요약하자면 실천은 규칙 따름보다는 상황즉각적이고 변주적인 성격이 강하다는 데 있다. 즉, 여기에서 말하고자 하는 실천이란 지식이나 규칙을 따르는 행위로만 설명할 수 없는 매우 능동적이고 적극적인 추론과 사고가 반영된 과정이다.

실천의 과정에서 동원되는 추론과 사고란 어떠한 방식을 의미하는 것일까? 먼저 사고와 행위는 근본적으로 그것의 운영 방식에 있어서 차이를 갖는다. 사고의 과정은 어떠한 외적 변수에 영향을 받지 않는 내적 심리과정이다. 더구나 개개인이 현상을 이해하고 해석하는 방식은 매우 개별적이다. 반면에 사고의 결과로서 행위가 타인과의 상호작용의 영역으로 떠오르는 순간, 그것은 개인의 머릿속에서 홀로 일어나는 인지적 사고와는 다른 행위의 속성을 갖게 된다. 개인 외부의 상황은 언제나 행위자 개인의 기대나 이해와는 무관하게 존재하는 영역이다. 따라서 행위는 언제나 예측할 수 없고 애매모호한 상황과의 부딪힘의 연속일 수밖에 없다. 뿐만 아니라 개인 내적 사고의 경우 어떠한 문제에 부딪쳤을 때 그에 대한 해결은 문제를 인지하는 것과 동시에 그 해결책까지 한꺼번에 떠오르기 마련이지만 사고가 행위로 옮겨지는 과정은 한 번에 하나씩 사고한 바를 적용시켜나갈 수밖에 없는 절차적 과정일 수밖에 없다.

이러한 행위의 속성들은 독특한 실천의 스타일을 만들어낸다. 전언한 바와 같이, 하나의 현상이나 사건에 대한 이해와 해석의 차이에도 불구하고 우리는 서로 동일한 의미의 교환을 하고 있는 것처럼 행위를 이어나간다. 이것은 서로의 다름에 대해 성찰하고 회의적 사유를 유보한 채 행위를 이어나는 매우 실제적이고 실용적인 목적에 근거한 방식이라고 볼 수 있다. 그런데 이렇게 유보된 의심은 시간의 흐름을 통해 실천을 이어나가는 과정 속에서 맥락의 엮음이라는 행위의 흐름(flow)을 통해 맥락적 의미의 합의에 도달하게 된다. 즉, 우리의 상호작용의 과정이 결코 동일한 의미의 주고받음이라는 당연하고 자연스러운 현상이 아니라, 오히려 적극적이고 지속적인 애씀(work)을 통한 공조 작업의 결과라는 것이다. 그리고 여기서 획득한 맥락적 합의란 어디까지나 그 맥락이라는 근거를 통해 합리성을 띠게 될 뿐 보편타당한 성질의 것이 아니다. 다시 피아노 연습의 맥락을 상기해보자면, 하나의 곡을 피아노로 연주하는 방식은 매번 같을까? 실천 당사자 관점에서 보면 그가 그 실천에 임하게 되는 경우는 매번 새롭다. 예를 들어, 공연을 위하여 수천 번의 연습을 한다는 것은 아마도 다양한 맥락적 변수들에 대비하고 그러한 변수들을 조율하여 가급적 안정적인 연주를 하기 위한 과정일 것이다. 그렇지만 연습실에서 수백 번 연습했던 곡조차도 연주회에서 사용하게 될 악기의 상태나 공연장, 관중의 맥락 등을 고려하여 매번 임할 때마다 새롭게 변주되는 것은 유능한 연주자일수록 필연적으로 고려해야 할 변수이다.

이처럼 어떠한 지식이나 규칙도 현장의 생성적이고 우연적인 속성을 배제한 채 실천으로 이어질 수는 없다. 그렇다면 실천의 과정이란 지식의 적용이라는 해석과 더불어 맥락적 운용이라는 논의가 함께 이루어져야만 한다는 사실에 주목할 필요가 있다. 사실상 지식의 적용보다도 맥락에 대한 지각과 조율의 과정이 실천의 역동적인 측면을 더욱 명확히 해명해줄 수 있다. 그리고 이러한 실천의 역동적인 속성이 프로그램 설계에 반영될 때, 상황학습이 갖는 본래의 취지에 부합한 교수학습이 가능할 것이다.

맥락적 경험은 어떻게 정서를 갖는가?

흔히 프로그램 개발에서 지식과 경험은 다른 층위의 교육 내용의 단위를 지칭하는 것으로 가정된다. 전자는 사고의 대상이고 후자는 지각과 행위의 대상이다. 학습을 실천의 일부로 보는 관점에서 학습은 우리가 인지했던 인지하지 않았던, 일상의 모든 실천 속에서, 경험의 궤적으로 존재한다. 이는 학습이란 교수와 학습으로 규정된 의도적 활동을 넘어선 우리의 삶에 편재된 일상적 행위임을 의미한다. 기존의 학습에 관한 연구에서 맥락은 어떤 일이 수행되는 배경이나 환경으로서 학습의 외생 요인으로 다루어지곤 하였다. 반면에 실천으로서의 학습의 관점에서 맥락은 결코 학습의 외생 요인이 아닌, 학습의 내생 요인으로서 학습의 결정적인 요인으로 다룰 필요가 있음을 강조한다. 그렇다면 맥락이 학습의 내생 요인일 수 있다는 것은 무엇을 의미할까? 학습을 실천으로 바라보는 관점에서 이것은 '맥락'에 대한 그 자체가 학습의 대상이며 학습의 과정 그 자체임을 의미한다.

맥락주의 학습이론 중 하나인 활동이론(activity theory)에 따르면 지식을 체득화한다는 것은 그것을 도구로 활용할 수 있도록 전유화(appropriation)하는 것이면서 동시에 객체의 질성, 맥락의 결에 따라 지각과 행위가 이끌려 간다는 의미를 담고 있다. 여기에서 지식을 체득화한다는 것, 다시 말해서 학습이란 객체의 질성(quality)을 지각하고 이에 따른 맥락적 조율의 결과를 의미한다.

이에 따르면, 맥락에 대한 인식은 비매개화된(un-mediated)[6] 정서적(emotional) 활동이다. 이러한 정서의 인식적 기능은 사실상 특정 대상에 대한 인식이라기보다는 그것이 사용되는 총체적인 맥락에 대한 기대감이라고 볼 수 있다. 그런데 이러한 맥락적 기대감은 앞서 언급한 바와 같이 인지적 측면이 작동되기 이전의 '선-의식적'으로 인식되는 정서적 속성을 갖는다. 따라서 맥락은 의미로 인식되는 것이 아닌, 낯설음 혹은 익숙함, 질서 혹은 무질서로 인식되기 마련이다.[7] 그런데 여기에서 낯설음과 부조화라는 것에 대한 판단의 기준은 '생각할 필요'도 없이 자신이 주목하고 있는 맥락을 당연시하는 '자연적 태도'에서 발생하는 것으로 이는 일상의 생활세계를 기반으로 한다. 이러한 일상적 생활세계의 질서는 결코 선맥락적으로 존재하는 것이 아닌, 유동적이고 가변적인 상황에 붙박혀 맥락의존적으로만 존재한다. 여기서 맥락에 대한 인식은 '세계에 기투된 양상'(Da-sein)으로서 한 개인에게 경험되는 시간 안에서 생성된다. 그리고 맥락은 실천에 참여하는 한 개인에게 인식되어지는 지극히 개별화된 맥락으로 구성된다.

---

6 여기에서 비매개성(un-mediatede)이란, 행위의 맥락적 속성으로서 우리의 행위는 어떠한 경우에도 지식이나 외부의 목표 대상 그리고 그것들이 반영된 결과로서의 우리의 인지적 작용에 매개되지 않고도 작동할 수 있음을 의미한다. 즉, 우리의 행위는 구체적인 상황으로부터 벗어남이 없이 일상의 생활 세계로부터 초연해질 수 없다. 그런데 일상의 세계는 '생각할 필요도 없이 당연히 거기에' 존재하고 있으며, 이것은 우리의 행위가 사유의 반영물이 아닌 당연시하는 태도를 갖고 살아갈 수 있도록 하는 이유이다(Lynch, 1993).

7 이러한 감정의 인식적 기능은 우리의 일상 언어에서 사정이나 정황 등의 말에도 내포되어 있는 것으로, 채드 핸슨(Chad Hanson, 1995)은 '정(情)'을 가리켜 '현실 반응(reality response)' 또는 '현실 입력(reality input)'이라고 해석하기도 하였다(김우창, 2014, 재인용).

따라서 각 개인에게 인지된 맥락의 다양성은 실천의 과정 가운데 조율됨으로써 지식의 공유와 창출을 가능하도록 한다.

이러한 맥락의 인지가 갖는 개별화된 속성은 상호작용 과정에서의 불확정성의 전제가 되어 추론과 행위의 과정으로서 실천의 실제적인 속성을 유발한다. 맥락의 불확실성과 다양성에도 불구하고 우리 행위의 의미가 공유 가능한 것은 그것이 놓여진 일상성에서 벗어남 없이 구체화된 상황으로만 의미가 전달가능하다는 사실 때문이다. 예를 들어, 어린 아이가 새로운 개념을 학습해가는 과정에서 던지는 질문들의 경우, 성인들에게는 오히려 너무나 일상적으로 사용하는 대상이기 때문에 그것이 내포한 의미를 언술화하여 설명하도록 하는 것에서 곤혹스러움을 경험하게 되는 경우가 있다. 만약 어린아이가 부모에게 '사람이 무엇인가요?'라고 묻는다면, 사실상 어린아이에게 사람이 무엇인지를 설명할 수 있는 방식은 생각보다 많지 않다. 결국 이를 설명할 수 있는 방법은 어린아이의 일상에서 사람이라는 개념이 사용되는 다양한 맥락들을 제공해주는 방식으로만 존재한다.

예컨대, '너도 사람이고, 엄마도 사람이고, 강아지는 사람이 아니다.'라는 방식의 설명 이외에, 생물학적인 차이나 사회적 의미에서의 사람의 의미들은 결코 아이에게 이해 가능한 것이 아니다. 아이에게 사람은 '엄마와 나는 사람이고, 강아지는 사람이 아니다.'의 의미로 존재한다. 이것이 아빠 혹은 고양이가 사람인지 아닌지의 문제로 전이될 수 있는지의 여부는 장담할 수 없는 문제이다. 아이는 이러한 설명방식을 통해서 '사람'에 대한 개념의 일면을 학습할 뿐이다. 다시 말해서, 아이가 학습한 것은 사람이라는 개념이 사용되는 맥락인 것이다. 결국 아이와 성인이 갖는 사람의 개념의 차이는 '사람'의 개념이 사용되는 맥락에 대한 경험의 차이에서 발생한다.

그렇지만 아이는 자신이 사람이라는 의미를 이해했다고 생각할 것이며, 그것이 결코 대상에 대한 의미의 일면이라고 생각하지 않는다. 왜냐하면 아이는 부모의 설명이라는 절대적인 지식 그 자체에 대해서는 어떠한 의문이 들지 않을 만큼 충분히 이해하였기 때문이다. 이와 같은 어린아이의 학습은 우리가 새로운 대상의 개념을 학습하는 방식과 별반 다르지 않다. 우리는 그것이 아무리 고차원적인 지식일지라도 결국 무엇인가 내가 아는 것을 기반으로만 다른 개념을 이해할 수 있을 뿐이다. 여기에서 내가 아는 것과 모르는 것의 차이는 지극히 개인의 주관적인 정서의 문제이다. 즉, 기존의 갖고 있던 대상에 대한 질서 가운데 대상이 인지되어 혼란이 없다면 내가 알고 있다고 느끼는 것일 뿐, 결코 그 자체가 가진 온전한 지식의 의미체계를 독립적으로 상정할 수는 없는 것이다. 결국 이는 대상에 대한 지식은 인지적 이해의 문제이기보다는, 대상에 대한 지각과 감정이 동반된 개인이 경험하는 상황에 대한 정서적 합의의 문제라고 볼 수 있다.

이처럼 지식의 공유가 직접적인 경험을 기반으로 한다는 사실은 학습 혹은 의미와 지식의 창출이 지식의 구조에 근거한다는 교육과정적인 전제에 대해 재고를 요청한다. 즉, 전통적인 교육과정 관점에서는 학습이란 지식의 전달이자 내면화의 과정이며, 이를 통한 외재적 학습 목표의 달성을 말한다. 이러한 전제는 설사 경험이나 체험이 수반된 과정일지라도 그것은 지적 작용을 위한 수단일 뿐 그것이 학습의 본질적인 의미로서는 충분하지 못하다고 여긴다. 반면에 실천주의 관점에서 학습은 상황에 대한 구체화된 경험들로서 이는 대상에 대한 지각적이고 정서적인 측면을 가리킨다. 따라서 여기에서 학습은 실천의 과정으로서 경험된 지식에 대한 인지적 공유뿐만 아니라, 지각된 대상에 대한 정서적 합의라는 학습의 결과로 존재한다.

비선형적 과정으로서의 상황 추론과 '거꾸로'의 순서

학습에서 순서의 문제

교육내용의 배열은 계열성의 원리에 따른다. 전통적으로 교육이론에서 계열성은 크게 지식의 구조에 따른 논리적 계열성과 학습자의 발달 순서에 따르는 심리적 계열성으로 구분하여 다룬다. 학습의 내용을 선정하거나 조직할 때, 학문의 구조나 학습의 위계에 따른 계열성을 바탕으로한 내용의 조직 방법은 브루너(Bruner, 1960)의 나선형 교육과정 혹은 브릭스(Briggs, 1968)의 위계구조 등을 통해 잘 알려져 있다. 이러한 주장은 학습의 과정에는 논리적 순서가 존재할 것이라는 전제를 기반으로 한다. 듀이는 학습의 과정을 논리적 방법과 대비하여 심리적 방법에 더 가깝다고 설명한 바 있다. 그는 심리적 방법이란 지식에 도달한 방법을 그대로 따라가면서 가르치는 것이라고 설명하면서, 이러한 순서로 학습할 때에 학습자는 그 지식을 다루는 힘을 갖게 된다고 보았다.[8]

실천의 과정에서 의식의 흐름은 시간의 전개에 따라 매우 실제적으로 유발된다. 흔히 학습의 과정에서 추론이나 행위를 이끌어 나가는 것은 행위자의 의식을 기반으로 한 인지적 표상이나 외재적 목표라고 여긴다. 따라서 시뮬레이션 학습이나 문제기반학습(Problem Based Learning) 등에서의 교수학습의 설계는 대체로 순차적이고 선형적인 구조를 가지며 논리적으로 접근하도록 맥락을 조직하여 제시하곤 하였다. 학습에 영향을 주는 맥락이 갖는 복잡하고 역동적인 구조들을 설계에 반영하고자 하는 설계모형들에서조차도 학습은 논리적 계열에 따라 순차적으로 학습되어져야 할 대상으로 보고 있다(박경선·나일주, 2011).

실제 경험의 흐름과 순서

실천이론에서 제시할 수 있는 계열성 또는 순서의 원리란 무엇인가? 그것은 문제해결의 흐름이 사고의 순서가 아닌 상황의 시간 순서에 따른 비순차적 행위의 계열성이라는 의미로 집약해 볼 수 있다. 레이브와 웽거(Lave & Wenger, 2010, 손민호 역)는 이러한 상황학습의 실제적 과정을 보여주기 위하여 도제식 학습의 장면을 보여준다. 여기에서 학습이란 논리적 계열을 순차적으로 학습하는 것이 아닌 학습자에게 열린 상황으로서 매우 능동적으로 학습되어지는 대상이라는 점을 보여준다. 이는 학습의 위계 순서와 실천의 위계 순서 혹은 '학습 교육과

---

8 듀이의 심리라는 개념은 사실은 여기서 말하고자 하는 우리 경험이 전개되는 시간성, 즉 '시간의 흐름 속에서 상황에 따른 질성(quality)을 취하게 되는 실제적이면서 관찰가능한 행위'를 의미했는지 따져볼 필요가 있다(Dewey, 1988: 18-9).

정'과 '교수 교육과정'은 일치하지 않는다는 것이기도 하다. 도제들은 생산 과정이 일상적으로 드러내는 순서와는 다른 순서로 활동 하나하나를 학습해 간다.

예컨대, 의복공의 도제학습 장면을 살펴보면, 그들의 학습과정은 결코 옷이 만들어지는 공정의 절차를 순차적으로 익히는 방식과는 다소 거리가 있다. 오히려 그들의 학습과정은 의복 생산 공정을 거꾸로 거슬러 나아가는 모습을 보인다. 옷의 실밥을 뗀다던지, 심부름을 한다던지, 다른 사람의 일의 주위를 맴도는 듯한 주변적이고 부분적인 일들의 수행부터 시작한다. 이러한 순서는 업무가 갖는 난이도 혹은 중요성에 따른 접근 이상의 의미를 갖는다. 단순하고 주변적인 업무는 전체 골격에 대한 조망이 가능하도록 함으로써 그 각각의 절차들 간의 연관성을 파악할 수 있도록 한다. 이러한 과정은 자연스럽게 복잡하고 핵심적인 업무들에 대해 미리 간접적으로나마 경험하도록 해주며, 이는 각각의 절차에서 행해지는 행위들이 연관성을 갖도록 해준다. 결국 일의 실제적 절차는 일의 시간적 전개 속에서 만나게 되는 수많은 맥락적 요인들의 연관성(relevance)을 중심으로 취해지거나 버려지는 선택의 대상들로 계열화되어 존재하면서 의미를 구성해 나간다.

이러한 학습의 실제적 시계열성(temporal sequence)은 학교 학습의 장면에서도 어렵지 않게 발견할 수 있다. 예컨대, 학생들의 수학문제풀이 과정은 논리적 연산이라는 개인 내적 사고 과정이라고만 여겨지지만, 학생들의 문제풀이 과정은 생각보다 훨씬 비논리적인 순서로 진행된다. 만약 유리수의 개념을 배우기 이전 단계에 주어진 수학문제의 풀이 과정에서 문제의 해가 정수로 나오지 않는다는 것은 문제풀이 과정에서 무언가 오류가 있었음을 의미하게 된다. 또한 반복된 문제풀이 과정과 그 틀이 미리 주어져 있는 평가의 양식은 주관식 문제의 답조차 '0' 또는 '−1'과 같은 형태로 도출된다는 사실까지도 학습시킨다. 그런데 풀이 과정상 이러한 답이 나오지 않거나 풀이가 너무 길거나 복잡하게 전개된다면 문제풀이는 다시 처음으로 돌아가 익숙한 수의 형태의 해가 나오도록 재조정된다.

이는 학생들의 수학문제풀이가 수학적 논리라는 연산능력과 함께 익숙한 문제풀이 방식에 견주어 실천을 전개시켜나가는 행위 유도적(affordance)인 측면으로 존재한다는 사실을 보여준다(Pea, 1993; Schoenfeld, 1998). 실제 풀이의 과정은 결코 수와 기호라는 표상에 대한 해석의 과정에 기반한 논리적 순서에 의한 것이 아닌, 문제풀이의 전형에 자신의 행위를 꿰어맞추기 위하여 매우 실제적으로 맥락적 요인들을 취하고 버리는 방식으로 활용한다. 이처럼 맥락적 추론과 실제적 행위들은 이전의 경험이나 습관, 암묵적인 약속이나 상식 등과 같은 의식의 기저에서 작동하는 기대감에 의하여 맥락적으로 조율된다. 즉, 상황에 대한 기대감은 우리 행위의 테두리로서 작용하며 행위의 연관성(relevance)을 부여하는 구조화의 원천으로서 작용한다. 이것은 행위자의 이전 경험에서 비롯된 막연한 결과에 대한 우려나 기대일 수도 있고, 바로 전 혹은 바로 다음에 일어날 일들에 대한 즉각적인 대처일 수도 있다. 이러한 행위들은 또 다시 상황의 흐름 속에서 하나의 의미를 형성하기 위한 사건들로 의미가 부여된다.

요컨대, 실천주의 관점에서 시계열성이란 시간의 흐름 속에서 변해가는 상황에 따라 그때그때 독특한 의미를 구성해내는 상황 자생적인 속성이다. 이것은 상황학습이란 결코 인위적으로 고안된 특정 상황이 갖는 구조화된 사고와 행위를 재생산하는 학습의 과정이 아님을 의미한다. 이는 곧 문제해결과정의 실제를 좀 더 그 실제답게, 현상학적인 표현으로 말하자면 '있는 그대로' 접근하려면 추상적인 사고의 과정이나 논리가 아닌 상황구속적인 실천의 과정이나 논리를 면밀하게 헤집어 보지 않으면 안된다는 점을 말한다. 다시 말해서, 상황이란 무한히 열린 학습의 대상임과 동시에 그것을 학습자 스스로 엮어냄으로써 학습의 결과로 나타나는 성과물이다.

맥락적 문제해결과 퍼즐풀이

실제 문제해결의 과정은 낱낱의 사고나 조작 행위가 절차화되는 방식이 아닌 상황이 시계열적으로 전개되는 순서와 같다. 이를 쉽게 시각화하여 설명하기 위해서 리빙스턴(Livingston, 2007)은 퍼즐풀이 과정으로 보여주었다. 하나의 퍼즐을 능숙하게 풀어나갈 수 있기까지 풀이과정에서의 시행착오란 결국 퍼즐조각들의 다양한 조합 방법을 경험해 봄을 의미한다. 퍼즐풀이의 전개에서 그 성패를 좌우하는 것은 퍼즐풀이의 절차를 어떻게 조율해나가는지의 문제이며, 이러

한 절차의 조율이 매번 다른 퍼즐풀이의 의미를 구성해내며 효율적인 문제해결
방식을 학습해나가도록 한다.

그림 6-1 퍼즐풀이 과정의 조건들

  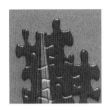

(1) 직소 퍼즐 조각   (2) 조각의 연결   (3) 일부분 모양의
                                                     게슈탈트

(4) 미완성 상태에 의한 경우화된 준거

(5) 첫 추론: 테두리 작업   (6) 테두리 길이에 대한 가늠에
                                               따른 퍼즐 조각의 탐색

낱개의 퍼즐 조각은 그 자체만으로는 어떠한 속성을 갖지 않은 채로 파편화
되어 존재한다. 각각의 조각은 다른 조각과 엮어질 때(2) 그것의 속성이 발견된
다. 이렇게 맞추어진 조각들이 하나의 형태를 갖출 때 그 조각들은 서로의 연관

성을 드러낼 수 있고(3), 무리(group)로 예상되고 발견되어진 연결 조각들의 크고 작은 무리들은 그 조각들이 적절한 위치에 놓여질 때까지 결코 그 속성이 드러나지 않는다. 그리고 미완된 전체 퍼즐의 크고 작은 빈 공간들은 중요한 단서가 되어 각각의 조각들이 적절한 위치를 찾게 된다(4). 이러한 퍼즐풀이 과정에 대한 일반적인 조건들은 퍼즐풀이가 연관성(relevance)의 발견이라는 방식을 통한 연속된 탐색이라는 점을 보여준다. 본격적인 퍼즐풀이가 시작되면 먼저 퍼즐판의 테두리와 관련되어 보이는 것들을 모아 가늠하여 자리를 잡는다(5). 퍼즐풀이의 과정에서 우리는 먼저 가장 바깥쪽의 테두리를 먼저 맞추어간다(6). 이는 아마도 가장 쉽게 그 위치를 짐작할 수 있는 퍼즐 조각의 모양 때문이기도 하고 그것들 사이의 연관성을 발견하기도 가장 쉽기 때문이다. 또한 전체 퍼즐의 모습과 크기가 어느 정도 갖추어지게 되면 그 세부적인 퍼즐들의 위치를 잡아내기도 더 용이해진다. 이렇게 테두리가 어느 정도 자리를 잡으면 퍼즐 맞추기가 진행된 테두리 안의 간격들은 관련된 부분들 사이에서 '빠진' 부분으로 보인다. 그리고 무언가 '빠진' 것으로 인식된 공간은 그 주변에 퍼즐 조각들과의 연관성 속에서 부분적인 조합들을 유도해낸다.

퍼즐을 조합해나가는 과정을 절차적 과정으로 분석한 예는 우리의 문제해결 과정이 갖는 맥락의 흐름으로써 실제적 행위의 시계열적인 특성을 잘 보여준다. 퍼즐풀이의 절차는 결코 퍼즐풀이에 앞서 존재하지 않는다. 앞서 설명한 퍼즐풀이의 절차는 결코 규칙이나 정해진 순서에 따른 객관적 준거에 따라 이루어지지 않는다. 그것은 시간의 흐름에 따라 엮어진 맥락들 간의 관계를 통해 가능한 효율적인 방식으로 지금 눈앞에 놓인 퍼즐의 조합 상태를 근거 삼아 실제적으로 이루어진다. 퍼즐풀이의 과정에서 맥락이란 각각의 퍼즐들이 연관성을 갖고 하나의 무리를 형성하는 것이다. 즉, 하늘, 건물, 잔디 등과 같이 유사한 색깔이나 짐작되는 형상의 연관성 가운데 전체 퍼즐의 특정 부분으로 조합되어 퍼즐의 일부로 자리잡도록 하는 것은 바로 이 같은 맥락적 연관성에서 비롯된 것이다. 이러한 맥락은 퍼즐을 맞추어가는 과정 속에서 시간의 흐름에 따라 우연히 돌출된 이전 맥락과 이와 동시에 떠오르는 다음 맥락에의 예견을 견주어가며 '빠진' 부분을 채워가는 방식으로 퍼즐 조각들 간의 연관성, 즉 퍼즐풀이의 전모(全貌)를 추론해 나가도록 한다.

　이처럼 퍼즐을 맞추어가는 것은 이전과 차후 그리고 현재까지의 전체와 목하의 부분 간의 연관성을 매 상황 견주어가는 탐색의 과정이다. 그것은 마치 우리가 책을 읽을 때에 문장 하나하나에 주목할 뿐만 아니라 그것이 지금까지의 흐름, 즉 문맥과 어떻게 연관되는지를 동시에 탐색하는 이치와도 같다. 각각의 조각들이 갖는 연관성들이 하나의 맥락적 조건을 만들고, 또 그렇게 만들어진 조건은 또 다른 맥락이 되어 다음 퍼즐 조각이 어떤 것이 선택되어야 할지에 직접적으로 영향을 주는 등의 방식으로 퍼즐풀이의 과정 전체를 형성해나간다. 예컨대, 퍼즐 조각들 사이의 빈 공간의 그 때 그 때의 즉각적인 출현은 우리에게 '무언가 있어야 할 것'이라는 기대감을 바탕으로 소위 '현상학적 장(phenomenal field)'을 가시화시켜 다음 행위를 동기화시키도록 하는 조건으로 작용하여 전체와 부분의 연관성을 추론하도록 한다.

　퍼즐풀이 과정 역시 하나의 문제해결과정으로서 학습의 장면이라고 본다면, 문제적 상황에서의 행위는 앞선 상황에 맞추어 다음의 행위를 선택하고 결정하는 것에 연속이다. 행위에 앞서 미리 고정된 목표나 계획에 의해 수행하는 것이 아닌 실제 드러난 현상에 따라서 유동적으로 다음 행위를 찾아 나간다. 즉, 어떠한 행위도 그것의 직접적인 실천의 장면을 통해서만 그것의 진행 경로나 의미가 결정되어 갈 수밖에 없다는 것이다. 이는 우리가 무엇인가 행위를 해나감에 있어서 만나게 되는 가지각색의 맥락적 변수들에 의해 행하는 즉각적이고 우연적인 행위의 부분적인 수행이 그 일의 의미를 결정하는데 부분적이고 예외적인 요인들이 아니라, 그러한 부분적인 변화들이 그 일을 행하는 전체 목표나 계획의 수정으로 연결될 수도 있기 때문이다.

　퍼즐에의 비유는 상황학습에서의 절차와 과정이 어떻게 맥락적으로 현현(顯現)하는 유동적이고 가변적인 것으로서 조율과 협상 그리고 변주(improvisation)의 흐름인지 잘 보여준다. 그러한 과정은 상황의 진행 과정에서 서로 긴밀하게 엮여 각 상황 간의 연관성을 통해 성립하며, 이를 단순히 지식의 적용 결과로 나타난 현상으로 보는 것은 적절치 않다는 것을 상기시킨다. 즉, 문제에 대한 해답을 찾아내는 행위는 사전 지식에 앞서 우선적으로 상황 연관적이라는 것이다.

이러한 행위의 속성은 그것이 놓여진 상황화된 문제들에 의하여 경우화되어 일어난다. 이것은 무한한 퍼즐풀이 게임의 기술일 수도 있으며, 똑같은 게임이 언제나 새로울 수 있는 것의 이유이기도 하다. 즉, 그 때 그 상황이 갖는 다양한 경우의 수가 비록 그 게임의 규칙이 하나일지라도 새로운 연관성을 추론하도록 하는 동인으로 작용하는 것이다. 따라서 언제나 다가올 다음 행위는 새로울 수밖에 없으며 그러한 예측 불가능한 긴장감이 다음 행위에 대한 추론을 유발시킨다.

예를 들어, 문제를 해결해 나가는 동안 그리고 도모한 일의 계획을 이행하는 과정에서 다양한 맥락적 추론이 유발된다. 이러한 추론은 다음 상황에 대한 기대감, 이전의 상황에 따른 행위로 인한 매번 낯선 '현장성'으로 인한 것으로, 맥락을 성립시키는 기반으로서 '시간성(temporality)'의 속성을 잘 보여준다. 여기서 '시간성'이란, 우리 행위에 총체성을 부여하는 구조화의 원천으로서 우리가 행위를 해나가는 테두리로서 작용하며 행위를 유발해나간다. 그런데 이러한 시간성이 행위의 테두리로서 작용할 수 있는 것은 이는 의식에 매개됨 없이 의식에 선행하여 경험되는 정서적 기대감을 동반하기 때문이다. 여기에는 이전의 경험이나 상황에 대한 예견과 같은 개인의 이해의 지평이 행위 전반에 영향을 미치게 된다. 이것은 행위자의 상황이 유발한 이전 경험에서 비롯된 막연한 결과에 대한 우려나 기대와 같은 요인들이 고려된 우연적인 상황의 산물인 것이다. 이처럼 실천이 엮어가는 시간의 흐름은 일이나 경험, 학습 등의 과정을 결정짓는 상황의 속성을 잘 보여준다.

컨텍스트 기반 교수설계의 실천적 논리

이 장에서는 상황학습론에 대한 많은 오해가 '상황'의 의미를 잘못 이해한 데에서 비롯된다고 보고 그러한 오해를 피하는 한 가지 방법으로 '실천'의 프레임으로 접근해보는 방법에 관해 살펴보았다. 상황은 대체로 학습자를 둘러싼 주위

환경이나 해석적 배경으로 다루어지는 경향이 많다. 소위 사회 구성주의 교육모형에서 '참된 실제에 관한 학습'(authentic learning)의 처방이나 실천공동체와 같은 타자와의 네트워크 환경의 조성은 상황기반학습모형에서 흔히 등장하는 논리다.

상황 또는 맥락을 거시적으로 보려고 하는 접근은 상황학습론이 기반해 있는 탈이원론적인 논리에서 이원론적인 논리에로의 회귀라는 아이러니를 보여준다. 우리가 어떤 행위를 취할 때 그 행위의 의미를 성립시키는 맥락은 다양한 층위로 존재할 수 있다. 피타고라스 정리를 이용해서 수학 문제를 해결하는 경우, 내일 시험을 준비하며 더 빨리 정확히 푸는 연습을 하는 상황과 수학자가 자신의 연구를 위해 수학 문제를 푸는 상황은 그것의 맥락적 의미가 다를 수 있다. 전자는 학교라는 맥락이고 후자는 수학자들의 실천 공동체라는 맥락이다. 그리고 그 두 맥락은 서로 이질적인 영역인 만큼 문제를 푸는 행위의 성격이나 의미는 매우 다르다. 그러나 그러한 제도적인 맥락이 전적으로 그 행위의 성격이나 과정을 결정짓는 것은 아니다. 거시적인 상황의 논리에서 볼 때, 그 두 행위는 매우 다를 수 있으나 전적으로 다르다고만 판단할 수도 없다.

상황학습론이 하나의 학습이론 패러다임으로 성립하기 위해서는 행동주의나 인지주의에 못지않게 모든 인간의 행동이나 사고를 맥락적 실천으로 설명할 수 있어야 한다. 예를 들어보자. 내일 치르게 될 국어 시험을 준비하는 학생들이 시 작품을 '암송' 한다고 하자. 이 때 시의 암송은 반복에 의한 반응 행동의 내면화 인가, 표상의 습득인가? 혹은 맥락적 실천인가? 마찬가지로 피타고라스 문제를 푸는 것은 어떻게 상황학습이라고 할 수 있는가? 무엇으로 보느냐에 따라 그 사태에 대한 해석과 교육적 처방은 전혀 달라질 수밖에 없을 것이다. 맥락적 실천으로 학습을 본다는 것은 프로그램의 설계에 있어서 다음과 같은 두 가지 특성에 관해 더 주목해야 한다는 점을 말한다.

첫째, 우리가 맥락적으로 인식하고 행위한다는 것은 객체를, 그것이 표상이든 사물이든 상관없이, 비매개화된 직접적인 행위의 대상으로 다루어 나간다는 것을 의미한다. 사람들은 무맥락적이고 객관적인 상태가 아닌 이상 선이해를 기반으로 해서 대상을 의미화하는 체화된 인지 상태에 있다. 그들 인식은 객체든 대상이든 지식이든 그의 지평에 열려져 있으면서 그에 대해 즉각적으로 반응한다. 학습자들은 이해의 지평에 기댄 채 주어진 상황을 하나의 패턴 또는 총체적 대상으로 감지한다. 이러한 맥락적 인지의 총체성으로 인해 눈앞에 놓인 과제는 분절된 절차가 아닌 상황의 흐름으로 전개되며 의미화되기 마련이다.

앞서 1장에서 살펴본 소크라테스의 노예 소년이 피타고라스 정리를 '습득'하게 되는 것은 학습자 내부로부터의 '회상'도 인류의 유산으로서의 '지식의 구조'도 아닌 맥락적 행위가 이끄는 학습 수준의 행위 유도성(learn-affordance) 덕분이다. 수와 도형은 그 의미를 아는 학습자에게 한참 이해하고 나서 대해야 할 대상이 아니라 즉각적인 반응의 대상이다. 그러한 지식은 '다음'을 추론하고 대응하는 데 있어서 자원(resource)이 된다. 여기서 교사의 설명은 지각 행위를 이끄는 지시의 성격을 띤다. 교사의 지시가 만들어가는 맥락 안에 있는 사람이라면 누구든 그 도형이 갖는 수학적 원리를 생각할 것도 없이 '그것이 그것인 것으로 자명하게 듣고 본다'. 이렇게 상황학습을 실천의 양상으로 본다는 것은 체화된 지적인 상태가 작동하는 방식을 상세하게 검토하고자 하는 시도를 말한다. 이러한 관점에서 보면 맥락주의 학습의 설계는 지식의 전달이든 이해든 그것은 지시와 행위를 어떻게 구조화할 것인가 그리고 행위를 어떻게 설계할 것인가의 문제를 다루게 된다.

둘째, 실제 사람들이 과제를 수행하거나 문제를 해결하는 과정은 논리적 계열이나 심리적 계열과는 달리 '일의 이전 – 현재 – 다음'이라는 시계열적 특성으로 정리해 볼 수 있다. 상황학습을 실천의 양상으로 본다는 것은 지식과 추론을 요소 또는 절차 단위로 분절화하고, 그 전개의 절차와 순서에 근거하여 이해하는 관점에서 벗어난다는 것을 의미한다. 순서의 흐름은 낱낱의 지식을 다루어 나가는 추론의 전개과정이 아닌 이해의 지평 안에 지식이 분산된 구조화된 상황이 시간 시간 엮여 의미를 구성해가는 연쇄 사슬, 즉 일의 전후 맥락에 비유해 볼 수 있다. 우리가 과제를 처리하거나 문제를 해결하는 과정은 일의 전모를 염두에 두고 다음을 기대(expectation)하고 반응을 취하며 다음에 돌출된 상황을 사후보완(ad hoc)하면서 상황을 조율 및 변주하는 성격이 크다. 여기서 상황이 의미하는 바는 곧 일이 진행된 단계들의 '사이' 또는 '행간', 즉 일이 전개된 시간을 말한다. 바로 이 점에서 상황기반 학습의 설계는 학습자가 학습의 전개과정을 선형적인 시간의 플로우(flow) 대신 전후 관계로서의 현 상태(dasein)의 순환, 즉 스스로 전후 맥락을 어떻게 엮어보는 시간을 경험할 수 있도록 처방할 수 있는가라는 차원에서 접근되어야 한다.

　상황학습론은 학습이론으로서 학습 행위에 대한 이해를 넘어서서 교수 프로그램 설계의 원리 또는 모형으로 활용되고 있다. 상황학습론은 지식과 경험 또는 마음과 몸이라는 이원론적 접근에 대해서 대안적 논리와 모형을 탐색해왔다. 그러한 노력은 지난한 이론적인 논쟁의 연속선상에 머물고 있지 않다. 그것은 이원론적인 논리에 근거한 교육 설계의 접근이 갖는 한계를 보다 현실적이고 '과학적인' 접근으로 보완하고자 하는 과제다. 여기서 과학적인 접근이라 함은 이론과 실제 사이에 괴리가 더 이상 근원적이지 않다고 보는 관점을 말한다. 상황과 사고 또는 행위, 객체와 주체를 분리시키지 않는 맥락주의 관점에서 보면 이론과 실제 사이의 괴리는 당연히 존재하는 것이 아니다. 좀 더 검토되어야 할 사항이지만 종래의 교육설계론은 항상 이분법의 덫에 걸려 지식과 경험, 연역과 귀납, 이해와 활동, 명제적 지식과 방법적 지식, 교수자의 논리와 학습자의 발달 등 어느 한쪽에 치우쳐진 논리로 인해 실제를 실제답게 보고 처방하는 데 한계를 보여주고 있다. 교육이론에서는 교육이나 학습은 기예(art)이고 실제(practice)라는 점을 누누이 지적해왔다. 만약 그렇다면 그에 대한 이해와 설계의 논리는 실제의 논리(logic of practice)이어야 한다. 교육이나 학습을 실천의 양상으로 접근하고자 한 맥락주의 관점은 실제를 실제답게 접근하고 처방할 수 있는 새로운 논리를 찾아가고자 하는 길을 열어줄 것이다.

참고문헌

강완 (1996). 소크라테스 대화법의 이해와 활용. 과학과 수학 교육 논문집, 22, 87－110. 서울: 서울교육대학교 과학교육연구소.

김선, 박성환, 허예라, 이수정(2005). 진료수행시험 평가자로서 표준화 환자 활용의 타당성. 한국의학교육, 17(2), 163－172.

김윤희, 강서영, 김미원, 장금성, 최자윤(2008). 졸업인증 임상수행평가의 유용성 평가. 간호행정학회지, 14(3), 344－351.

김종훈, 이기영, 유동미, 양은배(2006). 진료수행평가에서 학생들 사이의 정보공유가 평가결과에 미치는 영향. 한국의학교육, 18(3), 239－247.

김무길 (2004). 개인연구: 듀이의 상황 개념과 교육. 교육철학, 32, 1－26.

김선연 (2008). 문제유형의 익숙성 및 문제 관련성 인식이 비구조 문제해결 과정과 성취도에 미치는 효과. 교육공학연구, 24(2), 105－128.

김우창 (2014). 깊은 마음의 생태학. 서울: 김영사.

김정란 (2009). 상황학습론에 근거한 국어과 수업설계방안. 국어교육학회, 34, 239－266.

김진숙 (1998). 문제해결과 교과서 문제의 교육과정적 의미. 교육과정연구, 16(2), 205－226.

김태훈, 노태천 (2007). 효율적인 문제해결자와 비효율적인 문제해결자의 기술적 문제해결 활동 비교 분석. 공학교육연구, 10(3). 93－108.

박귀화, 오재환, 박연호, 임영희, 이선녀, 박찬용, 김선숙, 임용수, 이영돈, 김용일 (2005). 표준화 환자를 이용한 가천의대 임상수행평가의 운영 경험. 한국의학교육, 17(2), 151－161.

박재현, 고진경, 김선미, 유효빈(2009). 표준화 환자를 이용한 진료수행시험에서 교수와 표준화 환자의 채점 정확도. 한국의학교육, 21(3), 287 – 297.

박철홍(2011). 듀이의 경험개념에 비추어 본 사고의 성격: 이성적 사고와 질성적 사고의 통합적 작용. 교육철학연구, 33(1), 79 – 104.

변현정·나일주 (2013). 절차적 과제 학습을 지원하는 비주얼 내러티브 설계 원리 탐색. 교육공학연구, 29(2), 307 – 347.

박경선·나일주 (2011). 교수 – 학습 환경에서의 맥락설계 원리 및 모형 개발 연구. 교육정보미디어연구, 17(1), 1 – 37.

양홍권 (2011). 실천공동체(CoP)의 학습 분석틀 구성 연구. 한국HRD연구, 6(4), 41 – 59.

유욱희·오영열 (2014). 상황학습 기반 수업이 초등학생의 수학 학습에 미치는 영향. 학교수학, 16(3), 633 – 657.

손민호·조현영(2014). 『민속방법론』. 서울: 학지사.

온기찬 (1996). 전문성 본질과 직관에서의 역할에 관한 연구, 교육학연구, 34(3). 53 – 85.

왕경수, 송희숙 (2008). Polya의 문제해결 전략의 적용을 통한 문제해결력 신장, 사고개발, 4(1). 1 – 30.

이정모 (2010). '체화된 인지(Embodied Cognition)' 접근이 학문간 융합에 주는 시사. – 철학, 인문사회과학, 인지과학, 미래 테크놀로지의 수렴. 미간행원고. 고 김영정 교수 1주기추모 강연.

이진경 (2009). 노마디즘1. 휴머니스트.

이진경 (2011). 노마디즘2. 휴머니스트.

조규락, 손수정 (2008). 비구조 문제해결 상황에서 소집단의 크기가 문제해결 성취도 및 집단의 효과성 인식에 미치는 효과. 교육정보미디어연구, 14(2), 81 – 108.

조상식(2010). 현상학의 '비(非)정립적 의식' 개념을 통해 본 학습의 새로운 차원. 『교육철학연구』. 1(47), 185 – 202.

조현영 (2015). 문제해결과정의 상황적 특성에 관한 민속방법론적 연구, 인하대학교 박사학위 논문.

조현영·손민호(2015). 상황주의 교수설계론: 실천의 관점에서의 재고. 교육과정연구, 33(4), 201 – 226.

Abrahamson, D. (2009). Embodied design: Constructing means for constructing meaning. *Educational studies in mathematics*, 70(1), 27 − 47.

Anderson, J. R., Reder, L. M., & Simon, H. A. (1996). Situated learning and education. *Educational Researcher*, 25 (4), 5 − 11.

Andrissen, J. H. E. (2005). Archetypes of knowledge communities. In P. van den Besselaar, G. De Michelis, J. Preece, & C. Simone (Eds.), *Communities and technologies*(pp. 191 − 213). Milan: Springer.

Atkinson, P. & Delamont, S. (1976). Mock − ups and cock − ups: The stage − management of guided discovery instruction. In P. Woods, & M. Hammersley (eds), *School experience: Explorations in the sociology of education*, London: Croom Helm.

Becker, H., Greer, B., Hughes, E., & Strauss, A. (1961). *Boys in white: Student culture in medical school.* Chicago, IL: University of Chicago Press.

Benderly, B. L. (1989). Every intuituin. *Psychology Today*, 34 − 40.

Bezemer, J., Cope, A., Kress, G. & Kneebone, R. (2013). Holding the scalpel: Achieving surgical care in a learning environment. *Journal of Contemporary Ethnography*, E − published ahead of print, 30, April 2013. DOI: 10.177/0891241613485905.

Briggs, L. J. (1968). Sequencing of instruction in relation hierarchies of competence. *American Institute for Research Monograph*, No. 3.

Brunswik, E. (1943). Organismic achievement and environmental probability. *Psychological Review*, 50 (3), 255 − 272.

Bruner, J. S. (1960). *The Process of Education.* Cambridge: Harvard University. Press.

Ceci, S. J., & Liker, J. (1986). Academic and nonacademic intelligence : An experimental separation. In R. J. Sternberg & R. K. Wagner(Eds.), *Practical intelligence : Nature and origins of compentence in the everyday world*(pp.119 − 142). New York : Cambridge University Press.

Chi, M. T. H, & Koeske, R. D. (1983). Network representation of a child's dinosaur knowledge, *Development psychology*, 19, 23 − 39.

Cole, M. (1996). *Cultural psychology: A once and future discipline. Cambridge,*

MA : Harvard University Press.

Constant, E. W., (1987). The social locus of technolgical practice: Community, system, or organization? In W. E. Biker, T. P. Hughes, & T. J. Pinch (Eds.), *The social construction of technological system* (pp. 223−242). Cambridge MA: MIT Press.

Cunliffe, A. L. & Easterby−Smith, M. (2004). From reflection to practical reflexivity: experiential learning as lived experience. In Reynolds, M. and Vince, R. (Eds), *Organizing Reflection.* Aldershot: Ashgate, 30−46.

Dewey, J. (1931). The development of American pragmatism. In H. S. Thayer (Ed.)(1989). *Pragmatism: The classic writings* (23−40). Indianapolis, IN: Hackett.

Dewey, J. (1930). Qualitative Thought. Boydston, Jo Ann. (Ed.)(1984). John Dewey: The Later Works V. 5. Carbondale: Southern Illinois University Press. 243−262.

Dewey (1931). *Interest and effort in education.* MW7. 1979.

Dewey (1933). How to Think. Chicago: Henry Regency Company.

Dewey, J. (1938). *Experience and Education.* New York: Macmillan.

Dewey, J. (1988) [1929]. *The Quest for Certainty. John Dewey: The Later Works, 1925−1953. Volume 4:* Edited by Jo Ann Boydston. Carbondale, IL: Southern Illinois University Press.

Doner, D., Kreuzig, H. (1983). Problemlosefahigkeit and intelligenz. *Psychologische Rundschaus,* 34, 185−192.

Dreyfus, H. L., & Dreyfus, S. E. (1986). Five steps from novice to expert. in Dreyfus & Dreyfus (Ed). *Mind over machine: The power of human intuition and experise in the era of the computer.* ch.1. 16−51.

Dreyfus, H. & Dreyfus, S.(2005). Expertise in real world contexts. *Organization Studies,* 26: 779−92.

Engeström, Y., Puonti, A. & Seppänen, L. (2003). Spatial and temporal expansion of the object as a challenge for reorganizing work. In D. Nicolini, S. Gherardi & D. Yanow (Eds.), *Knowing in organizations: A practice−based approach.* Armonk: Sharpe.

Ericsson, K. A., & Lehmann, A. C. (1999). Expertise. *Encyclopedia of Creativity*, 1. 695−707.

Fisher, R. (1990). Teaching children to think. Oxford. Basic Blackwell Ltd.

Feyerabend, P. (1975). *Against method: Outline of an anarchistic theory of knowledge*. London: New Left Books.

Eberle, T. S. (2012). Phenomenological life world analysis and ethnomethodology's program. *Human Studies*, 35. 279−304.

Emirbayer, M., & Maynard, D. (2011). Pragmatism and ethnomethodology. *Qualitative Sociology*, 34. 221−261.

Garfinkel, H. (1967). *Studies in ethnomethodology*. Cambridge: Polity Press.

Garfinkel, H. & Sacks, H. (1970). On formal structure of practical actions. In J. C. McKinney & E. A. Tiryakian (eds.). *Theoretical sociology: Perspectives and developments*. New York: Appleton−Century−Crafts.

Garfinkel, H., Lynch, M., & Livingston, E. (1981). The work of a discovering science construed with materials from the optically discovered pulsar. *Philosophy of the social sciences*, 11(2), 131−158.

Geertz, C. (1973). *The interpretation of cultures*. New York: Basic Books.

Gherardi, S. (2008). Situated Knowledge and Situated Action: What Do Practice−Based Studies Promise?' in D. Barry and H. Hansen (eds). *Handbook of the new & emerging in management and organization*, pp. 516−25. London: SAGE.

Gherardi, S. (2012). *How to conduct a practice−based study−Problems and methods*. Cheltenham, UK: Edward Elgar.

Gladwin, T. (1970). East is a big bird. Cambridge, MA:Harvard University Press.

Goodwin, C. (1994). Professional vision. *American anthropologist*, 96(3), 606−633.

Greeno, J. G., Collins, A. M., & Resnick, L. B. (1996). *Cognition and learning*. In D. C. Berliner & R. C. Calfee (eds), Handbook of educational psychology (pp. 15−46). New York: Macmillan.

Hall, R., & Nemirovsky, R. (Eds.). (2012). Modalities of body engagement in mathematical activity and learning [Special issue]. *Journal of the Learning*

Sciences, 21(2).

Harmon, P. & King, D. (1986). *Expert systems : Artificial intelligence n business.* NY: John Wiley.

Heidegger, M. (1927, 1978). *Sein und Zeit.* Translated as Being and Time by John Macquarrie and Edward Robinson. Oxford: Basil Blackwell.

Herling, R. E. (1998). Expertise: The Development of an Operation for Human Resource Developmnet. In R. J. Torraco (Ed), *Academy of Human Resource Development.* 715−722. Baton Rouge, LA: AHRD.

Hindmarsh, J., Reynolds, P., & Dunne, S. (2011). Exhibiting understanding: The body in apprenticeship. *Journal of pragmatics, 43(2),* 489−503.

Hodges, B. (2003). OSCE! Variation on a theme by Harden. *Medical Education, 13*(1), 41−54.

James, W. K. (1990). Development of Creative Problem−Solving Skills. The Technology Teacher, 49(2), 29−30.

Kirsh, D. (2013). Embodied cognition and the magical future of interaction design. In P. Marshall, A. N. Antle, E. v.d. Hoven, & Y. Rogers (Eds.), *The theory and practice of embodied interaction in HCI and interaction design [Special issue].* ACM Transactions on Human-Computer Interaction, 20(1), 3:1−30.

Knorr−Cetina, K. (1981). The micro−sociological challenge of macro−sociology: towards a reconceptualization of social theory and methodology. In K. Knorr−Cetina and A. V. Cicourel (eds.). *Advances in social theory and methodology : Toward an integration of micro and macro sociologies.* London, Routledge & Kegan Paul.

Kochevar, L. K. (1994). *Generativity of Expertise,* Minneapolis, MN:University of Minnesota.

Krulik, S. & Rudnick, J. A. (1987). Problem Solving : *A Handbook For Teachers 2nd.,* M. A.:Allyn & Bacon, Inc.

Knorr cetina & Schatzki, T. (2001). Practice theory. In T. Schatzki, K. Knorr Cetina, & E. von Savigny (Eds.), The practice turn in contemporary theory. London: Routledge.

Lagemann, E. C. (2001). *An elusive science: The troubling history of education research*. Chicago: The University of Chicago Press.

Lakoff, G., & Johnson, M. L. (1980). *Metaphors we live by*. Chicago: The University of Chicago Press.

Lave, J. (1988). *Cognition in practice: Mind, mathematics and culture in everyday life*. Cambridge: Cambridge University Press.

Lave, J. & Wenger, E. (1991). Situated learning. 손민호(역). 상황학습. 서울: 강현출판사.

Lave, J. (1993). Situating learning in communities of practice. In L. B, Resnick, J. M. Levine, & S. D. Teasley (Eds.), *Perspectives on socially shared cognition*(pp. 17－36). Washington DC: American Psychological Association.

Lave, J. (1977). Cognitive consequences of traditional apprenticeship training in West Africa. Anthropology and Education Quarterly, 8(3), 177－180.

Lewin, K. (1943). Defining the "field at a given time." *Psychological Review*, 50 (3), 292－310.

Livingston, E. (2007). Circumstances of reasoning in the natural science. In S. Hester & D. Fransis (eds.). *Orders of ordinary action: Respecifying sociological knowledge*. Burlington, VT: Ashgate.

Llewellyn, N. & Hindmarsh, J. (eds.) (2010). *Organization, interaction and practice: Studies in ethnomethodology and conversation analysis*. Cambridge: Cambridge University Press.

Lynch, M. (1991). Method: measurement－ordinary and scientific measurement as ethnomethodological phenomena. In G. Button (ed) Ethnomethodology and the human sciences. Cambridge: Cambridge University Press.

Lynch, M. (1993). Scientific practice and ordinary action: Ethnomethodology and social studies of science. Cambridge: Cambridge University Press.

Macbeth, D. (2014). Studies of work, instructed action, and the promise of granularity: A commentary. *Discourse studies*, 16(2), 295－308.

Marshall, P., Antle, A. N. , Hoven, E. v.d. , & Rogers, Y. (Eds.). (2013). The theory and practice of embodied interaction in HCI and interaction design [Special issue]. *ACM Transactions on Human-Computer Interaction*, 20(1).

Merleau−Ponty. M. (1960). *Le langage indirect et les voix de silence.* 김화자(역), 메를로 퐁티의 현상학에 나타난 언어와 회화의 표현성. 서울: 책세상.

Merleau−Ponty, M. (1962). *Phenomenology of perception.* London: Routledge & Kegan Paul.

Mondada, L. (2014). Instructions in the operating room: How surgeon directs his assistant's hands. *Discourse studies,* 16: 131−161.

Nicolini, D. (2012). *Practice theory, work and organization.* Oxford: University Press.

Nishizaka, A. (2006). What to learn: The embodied structure of the environment. *Research on language and social interaction, 39*(2), 119−154.

Nozomi, I. & Mitsuhiro, O. (2007). Doctors' practical management of knowledge in the daily case conference. In S. Hester & D. Fransis (eds.). *Orders of ordinanry action: Respecifying sociological knowledge.* Burlington, VT: Ashgate.

Orr, J. E. (1990). Sharing knowledge, celebrating identity: Community memory in a service culture. In D. Middleton & D. Edwards (Eds.), Collective remembering (pp.169−189). Newbury Park, CA: Sage Publications.

O'Connor, HM. & McGraw, RC. (1997). Clinical skills training developing objective assessment instruments. Medical *Education,* 31(5), 359−363.

Pea, R. (1997). Practices of distributed intelligence and designs for education. In G. Salomon (ed.), *Distributed cognitions: Psychological and educational considerations* (pp. 47−87). NY: Cambridge University Press.

Polanyi, M. (1958). Personal Knowledge: Towards a post−critical philosophy, Chicago: The University of Chicago Press.

Polya, G. (1957). *How To Solve It,* Princeton University Press, Princeton.

Prahalad, C. K. & Hamel, G. (1990). The core competence of the corporation, *Harvard Business Review,* 68(3). 79−91.

Prentice, R. (2007). Drilling surgeons: The social lessons of embodied surgical learning. *Science, technology & human values, 32*(5), 534−553.

Raelin, J. (2001). Public reflection as the basis of learning. *Management learning, 32,* 11-30.

Sacks, H. (1984). Notes on methodology. In J. M. Atkinson & J. Heritage (eds). *Structures of social action*. Cambridge: Cambridge University Press.

Sacks, H. (1988). On members' measurement systems. *Research on language and social interaction, 22:* 45−60.

Saljo, R (1991). Piagetian Controversies, Cognitive Compentence, and Assumptions about human communication. *Educational Psychology Review,* 3(2), 117−126.

Sanchez−Svensson, M., Luff, P., & Heath, C. (2009). Embedding instruction in practice: Contingency and collaboration during surgical training. *Sociology of health & illness, 31(6),* 889−906.

Schatzki, T. (2001). Practice theory. In T. Schatzki, K. Knorr Cetina, & E. von Savigny (Eds.), *The practice turn in contemporary theory*. London: Routledge.

Schiftner, D. (1996). *A constructivist perspective on teaching and learning athematics*. Phi Delta Kappan. March 1996.

Schon, D. A. (1983). The reflective practitioner, New York: Basic Books.

Schoenfeld, A. H. (1998). Making Mathematics and Making Pasta: From Cookbook Procedures to Really Cooking. Greeno, J. G & Goldman, S. V.(ed). *Thinking practices in mathematics and science learning*(pp. 299−319). New Jersey: Lawrence Erlbaum Associates, Inc.

Schutz, A. (1962). Collected papers. Vol. I, The Hague: Martinus Nijhoff Publishers.

Scribner, S. (1984). Studying working intelligence. In B.Rogoff&J.Lave(Eds.), *Everyday cognition: Its development in social context*(pp. 9−40). Cambridge, MA : Harvard University Press.

Searle, C., Butler, C., Hutchby, I., et al. (2007). Negotiating frame ambiguity: A study of simulated encounters in medical education. *Communication & medicine, 4*(2), 177−187.

Sennett, R. (2008). *The craftman,* 김홍식 (역), 장인. 21세기북스.

Sharrock, W. & Watson, D. (1985). Reality construction in L2 simulations. In D. Crookall (ed.) *Simulation applications in L2 education and research*. (pp. 195-206). Oxford: Pergamon.

Simmel, G. (1971). The transcendent character of life. In D. N. Liven (ed.). *Georg Simmel on individuality and social forms.* Chicago: Chicago University Press.

Sinnott, J. D. (1989). A model for solution of ill−structured problems : Implication for everyday and abstract problem solving. In J. D. Sinnott (Ed.), *Everyday problem solving : Theory and applications.* NY: paeger.

Smith, F. (1975). *Comprehension and learning:A conceptual framework for teachers.* New York : Holt, Rinehart & Winston.

Srubar, I. (2005). The pragmatic theory of the life world as a basis for intercultural comparison. In M. Endress, G. Psathas, & H. Nasu (eds.). *Explorations of the life world.* Dordrcht: Springer.

Swanson, R. (2001). Human resource development and its underlying theory. *Human Resource Development International, 4*(3), 299−312.

Wenger, E. (1998). *Communities of practice.* 손민호 · 배을규 (역). 실천공동체. 서울: 학지사.

Wenger, E., & McDermott, R. A., & Snyder, W. (2002). *Cultivating communities of practice: A guide to managing knowledge.* Boston, MA: Harvard Business School Press.

Winch, P. (1988). The idea of a social sciencs and its relations to philosophy. 김기현 역(1985). 『사회과학의 이념』. 서울: 서광사.

Wittgenstein, L. (1958). *Philosophical investigations (2nd edn.).* Oxford: Basil Blackwell.

Yanow, D. & Tsoukas, H. (2009). What is reflection−in−action? A phenomeno-logical account. *Journal of management studies, 46*(8).

Zaunbrecher, N. (2012). Suspending belief and suspending doubt: The everyday and the virtual in practices of factuality. *Human Studies, 35,* 519‒537.

Zemel, A., Koschmann, T., & LeBaron, C. (2011). Pursuing a response: Prodding recognition and expertise within a surgical team. In J. Streeck, C. Goodwin, & C. LeBaron (eds). *Embodied interaction: Language and body in the material world.* (pp. 227−242). Cambridge: Cambridge University Press.

찾아보기

저자 약력

조 현 영
인하대학교 박사학위를 취득하고 연구재단 박사후연구원을 거쳐 현재 인하대학교 교육대학원 교수로 재직 중임. 관심 분야는 상황학습과 민속방법론, 컨텍스트 경험을 접목한 교육과정 디자인 등임. 저서로는 민속방법론 등이 있음.

luvhyun84@naver.com

손 민 호
오하이오주립대에서 박사학위를 취득하고 현재 인하대학교 교육학과 교수로 재직 중임. 관심 분야는 상황학습과 민속방법론 그리고 교육과정 정책 등이 있음. 저서로는 민속방법론, 역서로는 실천공동체, 상황학습 등이 있음.

shon@inha.ac.kr

컨텍스트 경험과 학습의 디자인

초판인쇄   2017년 2월 15일
초판발행   2017년 2월 28일

지은이   조현영·손민호
펴낸이   안상준

편 집   배근하
기획/마케팅   이선경
표지디자인   권효진
제 작   우인도·고철민

펴낸곳   ㈜피와이메이트
           서울특별시 마포구 월드컵북로 400, 5층 2호(상암동 문화콘텐츠센터)
           등록 2014. 2. 12. 제2015-000165호
전 화   02)733-6771
f a x   02)736-4818
e-mail   pys@pybook.co.kr
homepage   www.pybook.co.kr
ISBN   979-11-87010-61-6   93370

정 가   15,000원

박영스토리는 박영사와 함께 하는 브랜드입니다.